JN208189

育児年表でわかる

子育て世帯がもらえるお金のすべて

ファイナンシャルプランナー
高山一恵

彩図社

はじめに

　私はファイナンシャルプランナーという仕事柄、多くの方の個人マネー相談にのっていますが、ここ最近は、物価高で家計が苦しくなっているご家庭が少なくありません。

　特にお子さんをお持ちの多くのご家庭では、教育費の捻出に大変苦労されています。可愛い子どものためにできるだけ子どもが望む教育を受けさせてあげたいと思いつつも、家計の状況から断念したり、進路変更を余儀なくされたりしているご家庭も少なくありません。

　また、現在、少子高齢化が加速していますが、個人マネー相談の現場でも経済的な理由から子どもを持つのをあきらめたり、お子さんをお持ちのご家庭でも子どもの人数が増えることに躊躇したりしている様子が見てとれます。

　でも朗報なのは、この現状を国も深刻に捉えており、ようやく重い腰をあげ、本格的に少子高齢化対策へと取り組み始めたことです。**以前よりも子育て世帯への経済的な支援がとても手厚くなっています。ただし、きちんと支援を受けるためには、情報を得ることはもちろん、自分自身で申請をしなければなりません。**

　そこで今回、子育て世帯が受けられる支援制度をできるだけわかりやすく、見やすく「制度の概要」「利用できる人」「どれくらいの経済的な恩恵が受けられるのか」「申請先や手続き」の観点からまとめました。

　本書が子育て世帯の方の経済的なお悩みを払拭していただけるきっかけになれば嬉しい限りです。読者の皆さんのお役に立てることを心から願っています。

 高山一恵

◎育児年表①

時期	妊娠前	妊娠中			出産		産前産後休業中		
制度名	特定不妊治療費助成事業（先進医療）(12p)	妊婦健診費用助成 (16p)	妊産婦医療費助成 (20p)	妊婦のための支援給付 (24p)	出産育児一時金 (28p)	出産祝い金 (31p)	出産手当金 (32p)	産休中の社会保険料を免除（会社員など）(45p)	産休中の国民年金保険料免除（フリーランスの女性）(52p)
制度概要	不妊治療（先進医療）の費用を助成	妊娠中の妊婦健診の費用14回分を助成	妊産婦が自己負担する医療費を、一部の自治体が助成	妊婦を経済的に支援。相談支援も実施（2025年4月から）	出産費用を助成	一部自治体が出産費用を助成	産休中の収入減を補う制度	産休中の社会保険料が全額免除になる	出産前後の国民年金保険料が免除になる
得するお金	15万円（東京都最大）	約10万円	医療費軽減	10万円〜	50万円（子ども1人につき）	10万円（渋谷区のハッピーマザー出産助成金の場合）	日割り月収の3分の2程度	月額30万円の場合、免除額9万7020円	6万7920円（2024年）

産前産後休業中		育児休業中		子ども0歳～					
				～1歳※	～17歳	～一定年齢	～6歳	～18歳	～18歳
産休中の国民健康保険料免除（フリーランスの女性）（56p）	出生時育児休業給付金（産後パパ育休）（41p）	育児休業給付金（36p）	育休中の社会保険料を免除（会社員など）（48p）	育児時短就業給付金制度（65p）	子育て支援パスポート事業（62p）	乳幼児医療費助成制度（67p）	幼児教育・保育の無償化（112p）	児童手当（71p）	0-18サポート（75p）
出産前後の国民健康保険料が免除になる	父親が産後パパ育休を取得すると収入減を補うために給付金が支給される	育休中の収入減を補う制度	育休中の社会保険料が全額免除になる	時短勤務を選択した場合に、減少する収入の一部を補填（2025年4月から）	自治体が子育て世帯を応援する制度	子どもの医療費を助成。自治体によって助成対象の年齢は異なる	幼児の幼稚園・保育園の利用料が無料に	子育て支援のために給付金を支給	東京都が子育て支援のため都内在住者に給付金を支給
居住地の自治体や世帯収入などにより異なる	約18万円（額面月収30万円、4週間取得の場合）	約180万円（額面月収30万円、1年取得の場合）	月額30万円の場合、免除額42万4200円	時短勤務中の賃金額の10%（予定）	さまざまなジャンルの協賛店などで、各種割引などが受けられる	子どもの医療費の全部または一部を助成	3～5歳児クラスは無料。条件により0～2歳児クラスも対象	月1万5000円（～2歳）月1万円（3歳～高校生）	月5000円（年間最大6万円）

※「～1歳」＝「2歳未満」。1歳は制度の対象として含まれるが、2歳は対象外

◎育児年表②

時期	子ども0歳～							小中学生	中学生	中学3年 高校3年
	～18歳	～18歳	～19歳	～19歳	～18歳	～18歳	～18歳			
制度名	児童扶養手当(77p)	児童育成手当(81p)	特別児童扶養手当(84p)	障害児福祉手当(88p)	住宅ローン控除(95p)	住まい助成金(自治体により制度名は異なる)(99p)	住宅リフォーム減税(103p)	就学援助制度(116p)	私立中学校等授業料軽減助成金(120p)	受験生チャレンジ支援貸付(125p)
制度概要	ひとり親による育成支援のため給付金を支給	ひとり親などの養育者を支援するために東京都が給付金を支給	中度・重度の障害がある子どもの養育者に給付金を支給	重度の障害がある子どもに対して給付金を支給	条件を満たしたマイホームを購入・リフォームするために住宅ローンを借りると、最大13年間所得税が減税	子育て世帯などを対象に、一部自治体が家賃や住み替えの費用などを助成	中古住宅の特定のリフォームの際に受けられる所得税の減税制度	小中学生の保護者に授業料以外の費用を支援	東京都が都内在住の子育て世帯に対して私立中学校の授業料を助成	受験生がいる経済事情の厳しい親に、東京都が必要な資金を無利子で貸し付ける事業
得するお金	月1万750円～4万5500円(2024年)	月1万3500円(児童1人につき)	月5万5350円(1級) 月3万6860円(2級)(2024年)	月1万5690円(2024年)	455万円(最大)	180万円(新宿区の制度で月3万円、5年間支給された場合)	25万円(最大)	14万9959円(台東区/保護者が準要保護に該当する中学1年生の例)	年10万円	22万7400円(中学3年生の場合の最大) 28万円(高校3年生の場合の最大)

対象	制度	内容	金額
高校生	高等学校等就学支援金制度（129p）	一定要件を満たす世帯に対して国が高校の授業料の全部または一部を支援	35万6400円（国公立3年間）/118万8000円（私立3年間）
高校生	私立高等学校等授業料軽減助成金（133p）	生徒と保護者が都内在住の場合、生徒が私立高等学校等に通う経済的負担を東京都が軽減	年48万4000円（最大）
高校生	高校生等奨学給付金（137p）	低所得世帯の授業料以外の費用を支援	年15万2000円（最大）
16〜22歳	扶養控除（91p）	扶養親族がいる場合、課税所得から一定額が差し引かれる制度	住民税とあわせて10万8000円（特定扶養親族を養っており、所得税が10％の場合）
大学等進学希望者	高等教育の修学支援制度①　授業料等減免（141p）	専門学校、短期大学、大学等への進学を希望する生徒に対して授業料等を減免	年約96万円（最大）
大学等進学希望者	高等教育の修学支援制度②　給付型奨学金（144p）	専門学校、短期大学、大学等への進学を希望する生徒に対して返済義務のない奨学金給付	月7万5800円（最大）
大学生等	第3子大学無償化（148p）	3人以上の子どもを扶養する多子世帯を対象に、専門学校、短期大学、大学等の授業料と入学金が無償になる制度（2025年4月から）	年96万円（最大）
18歳以上の子や孫	住宅取得等資金の贈与の特例（107p）	父母や祖父母などから子や孫が住宅の新築や購入、増改築の資金を贈与してもらった場合、一定額まで非課税で受け取れる制度	1000万円まで非課税
〜29歳の子や孫	教育資金の一括贈与の特例（152p）	父母や祖父母から子や孫への一定額の教育資金の贈与を非課税にできる制度	1500万円まで非課税
18〜49歳の子や孫	結婚・子育て資金の一括贈与の特例（156p）	父母や祖父母から子や孫への一定額の結婚・子育て資金の贈与を非課税にできる制度	1000万円まで非課税

育児年表でわかる
子育て世帯がもらえるお金のすべて　目次

はじめに ——————————————————————— 03

育児年表 ——————————————————————— 04

第1章　妊娠前〜出産までに使える制度

01 特定不妊治療費助成事業（先進医療）——————— 12
02 妊婦健診費用助成 ————————————————— 16
03 妊産婦医療費助成 ————————————————— 20
04 妊婦のための支援給付 ——————————————— 24

第2章　産休〜育休中に使える制度

05 出産育児一時金 —————————————————— 28
06 出産手当金 ———————————————————— 32
07 育児休業給付金 —————————————————— 36
08 出生時育児休業給付金（産後パパ育休）——————— 41
09 産休中の社会保険料を免除（会社員など）————— 45
10 育休中の社会保険料を免除（会社員など）————— 48
11 産休中の国民年金保険料免除（フリーランスの女性）——— 52
12 産休中の国民健康保険料免除（フリーランスの女性）——— 56

第3章　出産後から一定年齢まで使える制度

13 子育て支援パスポート事業 ————————————— 62

14 育児時短就業給付金制度 ———————————— 65

15 乳幼児医療費助成制度 ———————————— 67

16 児童手当 ———————————— 71

17 018 サポート ———————————— 75

18 児童扶養手当 ———————————— 77

19 児童育成手当 ———————————— 81

20 特別児童扶養手当 ———————————— 84

21 障害児福祉手当 ———————————— 88

22 扶養控除 ———————————— 91

23 住宅ローン控除 ———————————— 95

24 住まい助成金(自治体により制度名は異なる)———————————— 99

25 住宅リフォーム減税 ———————————— 103

26 住宅取得等資金の贈与の特例 ———————————— 107

第4章　保育・教育用途で使える制度

27 幼児教育・保育の無償化 ———————————— 112

28 就学援助制度 ———————————— 116

29 私立中学校等授業料軽減助成金 ———————————— 120

30 受験生チャレンジ支援貸付 ———————————— 125

31 高等学校等就学支援金制度 ———————————— 129

32 私立高等学校等授業料軽減助成金 ———————————— 133

33 高校生等奨学給付金 ———————————— 137

34 高等教育の修学支援制度① 授業料等減免 ———————————— 141

35 高等教育の修学支援制度② 給付型奨学金 ———————————— 144

36 第3子大学無償化 ———————————— 148

37 教育資金の一括贈与の特例 ———————————— 152

38 結婚・子育て資金の一括贈与の特例 ———————————— 156

第1章

妊娠前〜出産までに使える制度

01 特定不妊治療費助成事業（先進医療）

妊活にはお金がかかります。2022年4月から不妊治療が保険適用になりましたが、「先進医療」は保険診療の対象になりません。この負担を減らすため、先進医療の費用を自治体が一部助成しています。

【多くの自治体で利用可】

どんな制度？

得するお金 東京都は最大15万円（費用の10分の7を助成）

利用できる人 保険適用外の先進医療を自費で行う人

申請先 居住する市区町村

いつもらえる? 申請後5〜6カ月程度

保険が適用されない先進医療に対して助成

2022年4月から、不妊治療が保険適用になりました。自治体によっては不妊治療を受ける人の経済的負担をさらに軽くするために、体外受精及び顕微授精を行う際に、**保険治療と併用して自費で行う「先進医療」にかかる一部の費用を助成**しています。

通常、保険適用される治療は7割が公費負担、3割が自己負担ですが、保険が適用されない先進医療にかかる費用は10割が自己負担です。この全額自己負担となる先進医療の費用を保険適用の治療と併用して行った場合には、費用が助成されるということです。先進医療単独の不妊治療には適用されないので、注意しましょう。

対象となる先進医療は、子宮内膜刺激術（SEET法）、タイムラプス

撮像法による受精卵・胚培養、子宮内膜スクラッチ、ヒアルロン酸を用いた生理学的精子選択術（PICSI）、子宮内膜受容能検査（ERA）、不妊症患者に対するタクロリムス投与治療など。幅広い治療が対象となっています。お住まいの自治体で制度が利用できるか、確認してみましょう。

◎先進医療にかかる特定不妊治療費助成事業の概要

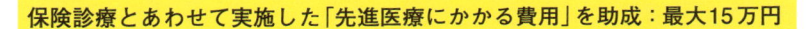

保険診療とあわせて実施した「先進医療にかかる費用」を助成：最大15万円

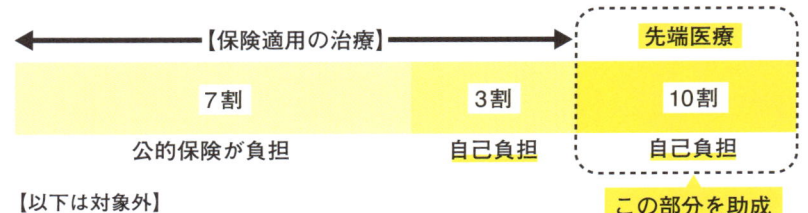

【保険適用の治療】　　　先端医療

7割	3割	10割
公的保険が負担	自己負担	自己負担

この部分を助成

【以下は対象外】
・体外受精及び顕微授精を全額自己負担で実施した場合
・一般不妊治療（人工授精など）

東京都福祉局HPの図を元に作成

■得するお金シミュレーション

　助成される金額は、1回の治療のうち先進医療にかかった費用の10分の7までで、**上限は1回あたり15万円**です。

> 例①：1回の治療にかかった先進医療の合計額が10万円の場合
> ▶10万円×0.7＝7万円…7万円が助成されます
>
> ---
>
> 例②：1回の治療にかかった先進医療の合計額が30万円の場合
> ▶30万円×0.7＝21万円…15万円を超えるので、上限の15万円が助成されます
> ※東京都の場合、都だけでなく市区町村の制度と併用できる場合もあるので、HPなどで確認しましょう。

■助成の対象（東京都の場合）

下の条件を満たす必要があります。

・治療開始日の時点で夫婦（事実婚を含む）であること
・治療開始日における妻の年齢が43歳未満
・治療開始日から申請日までの間に夫婦いずれかが継続して都内に住民登録していること
・保険医療機関で、先進医療と公示されている治療及び技術を受けていること
※所得制限なし

　なお、東京都の各市区町村以外にも、全国で多くの自治体が実施していますが、対象や内容はさまざまです。「○○（自治体名）特定不妊治療　先進医療　助成」などとネットで検索して、詳細を確認しましょう。

■助成回数（東京都の場合）

助成回数は、以下のように治療開始日の妻の年齢により異なります。

・治療開始日の妻の年齢が40未満→上限6回
・治療開始日の妻の年齢が43歳未満→上限3回

　回数は、１子ごとにリセットすることが可能です。妻の年齢が上がると助成回数が少なくなったり、助成が受けられなくなったりするので、治療をする場合には、早めに検討しましょう。

■ 手続きの流れ

市区町村窓口もしくはオンラインで申請

- 申請書、医療機関が作成する証明書、住民票の写し、戸籍謄本などが必要
- 消印日または電子申請日を申請日とする
- 申請期限は、1回の治療が終了した日の属する年度末（3月31日消印有効）まで

※年度とは、当年4月1日から翌年3月31日のこと。例えば、2024年（令和6）6月15日に治療が終了した場合、2025年（令和7）3月31日（当日消印有効）が申請期限

書類の審査

- 内容についてメールや手紙で問い合わせがくる可能性あり

約4カ月後に承認決定通知書を受け取る

- 申請受理日から約4カ月で申請時の住所へ決定通知書が送られる

通知から約1カ月後に助成金が振り込まれる

- 通知から約1カ月後に指定口座に振り込まれる
- 申請から助成金の振り込みまで5〜6カ月程度かかる
- 振込先の口座は申請人の名義にする必要がある

申請期限を過ぎないように要注意

- 申請期限を過ぎたものは、いかなる理由でも受け付けられないので注意

02 妊婦健診費用助成

妊娠したらまず押さえておきたいのが「妊婦健診費」。妊婦が出産までに妊婦健康診査を受診する回数は14回程度が望ましいとされています。そこで、安心して妊婦健康診査を受診できるよう、市区町村が健診費用を助成しています。

【全国で利用可】

どんな制度？

得するお金 約10万円

利用できる人 妊娠した人

申請先 居住する市区町村
※自治体により、助成内容は異なります

いつもらえる? 妊娠届提出時に14回分の受診票が配布される

■ すべての自治体が14回までの健診費用を助成

妊娠したらまず押さえておきたいのが「妊婦健診費」です。

妊娠すると、母体に異常はないか、赤ちゃんは順調に育っているかどうかを確認するために定期的に病院に通って「妊婦健診」を受けることになります。その費用が、妊婦健診費です。厚生労働省が提示する「標準的な〝妊婦健診〟の例」は、14回程度となっています。

健康保険が適用されず、1回の健診費用は、5000～1万円程度。**一般的には、14回の健診で10万円程度かかります**。

そこで、妊婦健診にかかる費用負担を減らすことを目的に、各自治体は「妊婦健康診査受診票（補助券）」を妊婦さんに配布して、妊婦健診の費用を一部助成しています。

■医療機関で健診する前からもらえる

　受診票をもらえるのは、**お住まいの自治体に妊娠届を出したとき**です。このとき、母子手帳と一緒に 14 回分の受診票（補助券）が配布されます。この受診票を医療機関に提出することで、無料で健診が受けられます。

　ただし、14 回を超える健診や、基本的な内容を超える検査については実費負担となることが多いようです。このあたりは、自治体によって助成の内容が異なりますので、各自治体に確認しましょう。

　なお、受診票は原則として、再発行できません。紛失すると実費で検診費を負担しなければなりません。ただ、汚損や盗難など、理由があれば相談に応じる自治体もあります。

■得するお金シミュレーション

　妊婦健診 14 回分の助成額は**約 10 万円**です。

　助成の内容は自治体によりさまざまです。中には、超音波検査や子宮頸がんの検診がプラスされているところもあります。例えば、東京都では超音波検査を 4 回受けられる自治体が増えていて、中央区、港区、文京区、江戸川区、中野区などは、超音波検査を 4 回受けられます。なお、超音波検査の費用の平均額は 1 回あたり 5300 円です。

◎東京都中野区の例 中野区HPの図を元に作成

種　類	受診票色	検査内容	助成費用
妊婦健康診査 1 回目	水　色	問診、体重測定、血圧測定、尿検査（糖、蛋白定性）、血液検査、血液型（ABO/RH）、その他	1万980円
妊婦健康診査 2〜14 回目	黄　色	問診、体重測定、血圧測定、尿検査、梅毒、B 型肝炎、その他	5140円
超音波診査（4回分）	白　色	経腹法による超音波検査	5300円
子宮頸がん検診（1回分）	桃　色	子宮頸がん検診	3400円

■手続きの流れ

市区町村窓口に妊娠届けを提出
- 自治体によっては土日祝でも提出できる
- 妊娠11週までに提出して母子手帳を受け取ることを厚生労働省は推奨

窓口で妊婦健康診査受診票（補助券）を受け取る
- 受診票は母子手帳と一緒に受け取る
- 妊婦健康診査受診票の枚数は、基本は14枚
- 歯科検診の補助券も合わせて配布する自治体もある

妊婦健康診査受診票（補助券）を医療機関に渡す
- 医療機関に渡せば補助券分の健診費用がかからない

■里帰り出産の注意事項

　本制度は**居住地域の医療機関が対象**となるため、里帰り出産では使用できません。そうした方をサポートするために、検査費用を後からキャッシュバックする「償還払い」制度があります。里帰り中の妊婦健診で支払った費用の領収書等を、出産後に住民票のある役所に提出すると、助成を受けられます。申請から振り込みまでは、1〜2カ月程度かかります。詳細は、お住まいの市区町村にお問合せください。

■健診が14回を超え、自己負担が生じるケースも

　これまでお話したとおり、基本的に妊婦健診の費用は自治体の助成がありますが、検査内容などによっては、妊婦健康診査受診票（補助券）では賄えないケースも。実際に妊娠・出産した方の口コミなどを見ると、

妊婦健診で自己負担が発生したケースは少なくないようです。

　ゼクシィ Baby が先輩ママへ行ったアンケート調査によると、**自己負担した健診費用の合計は平均５万円程度**とのこと。個人差や地域差などもあるので、一概には言えませんが、妊婦健診をきちんと受診するためには、ある程度の出費がかかる可能性があることも知っておきましょう。

■ 自己負担分の妊婦健診費用は医療費控除の対象

　妊娠から出産まで色々とお金がかかりますが、自己負担した妊婦健診費や通院時、入院時、分娩時の費用は**医療費控除**の対象になります。

　医療費控除とは、年間に実費で 10 万円（総所得金額等が 200 万円未満の人は総所得金額等の５％）以上医療費を払った場合、確定申告をすることで還付金を受け取れる制度です（実費なので助成分は対象外）。

　医療費を使った本人だけでなく、自分と同じ家計で暮らす家族分もまとめて申請できます。実費負担が大きい人、年収が高い人ほど還付金額は大きくなるので、**年収が最も高い家族がまとめて利用するとお得**です。

　ただし以下のように出産に通じる支出でない場合、医療費控除の対象とならないので注意しましょう。

◎医療費控除の対象になるもの・ならないもの

医療費控除の対象になるもの	・妊婦健診費用 ・切迫早産や妊娠悪阻などの医師が認めた妊娠 ・通院や入院時における公共交通機関を使った交通費 ・入院時の公共機関が使えない場合のタクシー代 ・入院中に病院から出された食事の費用 ・出産時の入院費用
医療費控除の対象にならないもの	・里帰り出産のための帰省費用 ・入院時の洗面具やパジャマなどの身の回り用品代 ・入院中に取った出前や外食の費用 ・自ら希望した個室入院での差額ベッド代 ・おむつ、ミルク代

※医療費控除を受けるには、明細書の提出が必須。また、領収書は自宅にて５年間保管する義務がある

03 妊産婦医療費助成

妊娠中から出産においては、何かと体調を崩しがちです。晩婚化の影響で妊娠中に治療を必要とする病気にかかってしまうケースも多くなっています。そこで、妊婦の方に安心して赤ちゃんを産んでもらうために、医療費の助成制度があります。

【一部の自治体で利用可】

どんな制度？

得するお金 　医療費の自己負担分

利用できる人 　健康保険や国民健康保険の加入者かつ、母子健康手帳の交付を受けた妊娠、出産する人

申請先 　居住する市区町村

いつもらえる？ 　申請後1ヵ月、3ヵ月後など自治体によって異なる

■妊娠期間中の健康のために自治体が医療費を助成

　妊産婦医療費助成は、妊産婦の方の医療にかかる費用の経済的負担を減らし、安心して健康な赤ちゃんを産んでもらうための助成制度です。健康保険が適用になる診療を受けた場合に利用できます。

　ただし、自治体により「助成対象期間」「助成の範囲」「自己負担金」「給付方法」「所得制限の有無」など、助成内容はさまざまです（以下例）。

・医療費：無料／自己負担金や回数制限がある
・対象期間：母子健康手帳交付日から出産月の翌月／翌々月など
・所得制限：多くの自治体は所得制限なし／一部は所得制限あり
・健康保険適用外の入院時の食事代：対象外が多い／一部は支給

また、この制度は、「妊婦健診」や普通分娩の費用は対象外ですが、「保険診療になる帝王切開」は対象になるケースが多いです。あらかじめお住まいの自治体に助成の内容を確認するようにしましょう。

◎妊産婦医療費助成制度実施自治体例

都道府県	実施主体	対象期間	自己負担金	所得制限	給付方法	入院食事
福島県	白河市	妊娠4カ月目の初日から出産月の翌月末まで	なし	なし	償還払い※	○
栃木県	全自治体	母子健康手帳交付月の初日から出産月の翌月末	月額上限（通院500円、入院500円）	なし	償還払い	×
新潟県	新潟市	申請日から出産日の翌月末	通院1日530円、月4回まで入院1日1200円、訪問看護1日250円	なし	現物給付	×
新潟県	長岡市	母子健康手帳交付日の翌月から出産月の翌月末	通院1回530円、月4回まで入院1日1200円、訪問看護1日250円	なし	現物給付	低所得者○
富山県	全自治体	助成対象の医療：妊娠高血圧症候群、糖尿病、貧血、産科出血、心疾患、切迫早産 対象期間：申請が受理された月から出産した月の翌月末（切迫早産は出産日）まで	なし	自治体により異なる	現物給付	×

※償還払い…いったん費用を自分で支払う。その後に申請をすると払い戻される

■首都圏や関西、名古屋など未導入の自治体も多い

　全国保険医団体連合会が公表している「妊産婦医療費助成制度実施自治体一覧」を見てみると、東京都や神奈川県、千葉県、埼玉県といった首都圏や大阪府や京都府、兵庫県、奈良県といった関西エリアでは、妊産婦医療費助成制度を導入していません。また、例えば、愛知県でも名古屋などの人口が多い大都市圏でも制度は導入されていません。一般的

に、首都圏や大都市であるほど、多くの制度が導入されているイメージですが、今回のようなケースもあります。

■東京都では妊娠高血圧症候群等医療費を助成

　東京都では、妊産婦医療費助成制度は実施していませんが、「妊娠高血圧症候群等の医療費助成」を実施しています。対象の疾患は、「妊娠高血圧症候群及びその関連疾患」「糖尿病」「貧血」「産科出血」「心疾患」です。これらの治療を受けた場合、医療保険を適用した後の自己負担額が助成されます。

　申請できるのは、以下2つの基準を満たす人です。
　①前年分の世帯の総所得税額が3万円以下、もしくは入院見込み期間が26日以上（退院後の申請の場合は、実際の入院期間が26日以上）
　②申請する疾病について、認定基準に定める症状に該当する（「～という症状だったら○○と認定する」という基準が設けられています）

　申請をしたい方は、東京共同電子申請・届出サービスでオンライン申請をするか、必要書類を郵送しましょう。気になる方は東京都のHPをチェックして詳細を確認してみてください。

■得するお金シミュレーション

　妊娠、出産時に健康保険が適用される診療を受けて、医療機関の窓口で自己負担した金額が助成されます。

例：助成内容が給付の場合
- ▶医療機関で受診し、医療費が総額1万円の場合、自己負担金額は、総額1万円の3割の3000円
- ▶自己負担金額3000円が助成され、医療費は無料になる

■ 手続きの流れ

【現物給付の自治体（新潟市）の例】

自治体窓口で受給資格を登録

医療機関等から配布される妊娠届とともに配布される申請書を記載し、窓口に提出

↓

後日、自宅に受給者証が送付される

↓

県内の医療機関等の窓口で健康保険証と受給者証を提示すると、一部負担金のみの支払いで受診できる

【県外医療機関 or 受給者証を忘れた場合】

必要なものをそろえ、区役所健康福祉課または出張所の窓口で払い戻しの手続きする

↓

助成金が指定口座に振り込まれる

新潟市の助成期間は、申請日から出産日の翌月末日まで。助成開始時期は自治体によってバラバラだが、終了時期は「出産日の翌月末」の自治体が多い

【償還払いの自治体の一例】

自治体窓口で受給資格を登録

母子手帳交付後などに手続きを行う。妊産婦医療費受給資格証の申請書を記入し、窓口に提出

↓

後日、自宅に妊産婦医療費受給資格証が送付される

↓

医療機関等で自己負担分の医療費等をまずは全額支払う

↓

診療月の翌月以降1年以内に、自治体窓口に妊産婦医療費助成申請書と領収書等を提出

領収書は、受診者名、保険点数、負担割合、診療年月日が記載されたもの。不明な場合、医療機関等の証明が必要。期間は要確認

↓

後日、指定口座に振り込まれる

申請から1カ月後、3カ月後など、自治体により振り込み時期は異なる

04 妊婦のための支援給付

2024年度までは、妊娠から出産、育児まで伴走型相談支援と経済的支援をセットで行う「出産・子育て応援交付金」が実施されていましたが、2025年4月から「妊婦のための支援給付」という国の制度に変わり、恒久化されます。

【全国で利用可】

どんな制度？

得するお金 **10万円〜**
（妊娠していることの認定後5万円＋妊娠している子どもの人数×5万円）

利用できる人 妊娠が確定した人

申請先 居住する市区町村

いつもらえる？ 詳細は未定

■妊婦の相談にのりつつ経済的にも支援

2024年度まで行われていた出産・子育て応援交付金は、2025年4月から妊娠期からの切れ目のない支援を行う観点から「妊婦のための支援給付」に生まれ変わり、制度が恒久化されます。対象者は**2025年4月以降に妊娠した方**です。妊婦のための支援給付は、伴走型相談支援を効果的に組み入れながら実施する予定です。

伴走型相談支援では、0〜2歳の子どもがいる家庭に寄り添い、妊娠期から出産後にかけて定期面談やアンケート、各種情報発信を行い、対象者が必要としている支援を行っていきます。このうち相談支援は、基本的には妊娠がわかったとき、妊娠後期、産後の3回の面談が予定されています。

経済的支援は、出産・育児関連用品などの購入費用や子育て支援サービスの利用費用の負担を削減するために行われます。妊娠した方が妊娠届出や伴走型相談支援による１回目の面談を受けた後に給付申請を行うと、５万円の給付を受けられます。

その後、出生届を出したときや伴走型相談支援による３回目の面談の機会にあわせて、妊娠している子どもの人数×５万円の給付申請を行うようです。内容は自治体によって特徴がありますので、お住まいの自治体に確認するようにしましょう。

◎妊婦のための支援給付制度イメージ

妊婦のための支援給付	妊婦等包括相談支援事業
市町村は、妊婦であることの認定後に５万円を支給。その後、妊娠している子どもの人数の届け出を受けた後に妊娠している子どもの人数×５万円を支給する	妊婦・その配偶者等に対して面談等により情報提供や相談等（伴走型相談支援）を行う事業として新設
子ども・子育て支援金制度の創設に伴い、財源として子ども・子育て支援納付金を位置づける	母子保健法の事業と連携確保について定めるとともに、子ども・子育て支援法上の地域子ども・子育て支援事業に位置づける

妊娠期 （妊娠8～10週前後）	妊娠期 （妊娠32～34週前後）		出産・産後	産後の育児期
面談1　給付申請	面談2		面談3　給付の届出	継続的な情報発信 希望に応じた相談対応

実施主体：市町村
（こども家庭センター）　　　　　　**伴走型相談支援**　　　　　　身近で相談に応じ、必要な支援メニューにつなぐ

妊婦の認定後：５万円の支給　　妊娠している子どもの人数 ×５万円の支給

※給付金の支払い方法については、紛争の未然防止や事務の確実かつ効率的な実施の観点から、現金など確実な支払い方法とする
※この場合においても、希望者が支給された給付金を妊娠・出産育児関連用品の購入・レンタル費用助成、サービス等の利用負担軽減のクーポン等で受け取れるようにすることは可能

こども家庭庁HPの図を元に作成

■得するお金シミュレーション

　子ども1人を産んだ場合、10万円相当が支給されます。実際には妊娠届出時に5万円、出生届出時に5万円×子どもの人数という形で2回に分けて支給があります。双子の場合は妊娠届時に5万円、出生届時に5万円×2人で計15万円が支給されます。

　ただし、妊婦のための支援給付内容は、各自治体の判断に任されており、現金以外の形で給付される可能性もあります。それが、下記のような方法です。

- ・現金給付
- ・現物給付（マタニティ用品・ベビー用品・産前産後サービスクーポン券など）
- ・電子マネー
- ・電子クーポン
- ・デジタルカタログギフト
- ・デジタル地域通貨

　制度の詳細が発表されたら、自治体のHPなどを確認するようにしましょう。

■手続きの流れ

　まだ、詳細は発表されていませんが、こども家庭庁の資料によると、お住まいの自治体に給付金の申請をし、自治体から銀行の振込口座に支援金が振り込まれるようです。各自治体で手続きの方法は異なりますので、確認するようにしましょう。

第2章

産休〜育休中に使える制度

05 出産育児一時金

出産は病気ではないので、健康保険の適用外です。厚生労働省「出産費用の見える化等について」によると、出産費用は全国平均で約48万円。まとまったお金がかかりますが、この費用のほとんどを助成してくれるのが「出産育児一時金」です。

【全国で利用可】

どんな制度？

得するお金　子ども1人につき **50万円**　※産科医療補償制度に加入していない医療機関の場合、子ども1人につき48.8万円

利用できる人　妊娠4ヵ月（85日）以上で出産した人
（健康保険や国民健康保険の加入者／早産、流産、死産、人工中絶などの場合も対象）

申請先　医療機関、加入する協会けんぽ、健康保険組合、居住する市区町村（国保の場合）

いつもらえる?　健康保険組合等が医療機関に直接支払う
（直接支払制度・受取代理制度の場合）

■分娩費用のほとんどを賄える

　出産育児一時金は、健康保険や国民健康保険に加入していて、妊娠4カ月（85日）以上で出産する人が受け取れるお金です。妻自身が健康保険に加入している場合には妻自身の健康保険から支給され、妻が夫の扶養に入っている場合は、夫の加入する健康保険から支給されます。

　支給金額は基本的に「50万円（利用している医療機関が産科医療補償制度を導入していない場合は48万8000円）」です。出産費用が50万円以上になった場合は、差額を負担する必要があります。反対に50万円未満だった場合、差額分はもらうことができます。

　出産する施設や分娩方法にこだわりを持たなければ、**分娩費用のほとんどを賄うことができます。**

■得するお金シミュレーション

例①：産科医療補償制度に加入している医療機関で子ども1人を出産して分娩費用が45万円だった場合
▶ 支給額：50万円／差額の5万円はもらえる

例②：産科医療補償制度に加入している医療機関で双子を出産
▶ 支給額：100万円

■手続きの流れ

出産育児一時金の申請方法は「直接支払制度」「受取代理制度」「産後申請」の3つの方法があります。

◎直接支払制度

医療機関が健康保険組合などへ出産育児一時金を請求し、健康保険組合などから医療機関に直接支払ってもらう制度です。この制度を利用すれば、自分が支払うお金は出産育児一時金を超過した分だけでよいので、持ち出しが少なくて済みます。

◎受取代理制度

直接支払制度に応じていない病院で、適用されます。自分で書類を書き、健康保険組合などに提出。こちらも健康保険組合などから直接病院に支払われるので、自分のお金を持ち出さなくて済みます。

◎産後申請

上記2つの対象にならなかった場合には、産後申請します。先に医療機関に出産費用を全額自分で支払う必要があります。なお、出産後に出産育児一時金を受け取る場合は、請求期限は「出産翌日から2年以内」ですので請求漏れがないよう注意しましょう。

■直接支払制度と受取代理制度の違い

どちらも出産前に50万円が受け取れる（お金の持ち出しがない）

直接支払制度

医療機関が健康保険組合などに出産育児一時金を請求。健康保険組合などが医療機関に直接支払う

手続き先 →

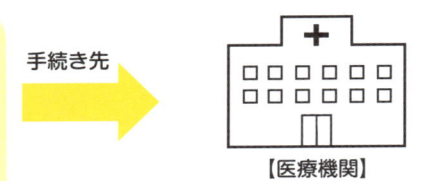

【医療機関】

医療機関の多くが採用。医療機関の手続きだけで完了

受取代理制度

直接支払制度に応じていない医療機関で適用。自分で書類を書き、健康保険組合などに提出

手続き先 →

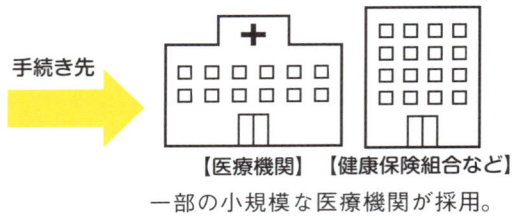

【医療機関】　【健康保険組合など】

一部の小規模な医療機関が採用。医療機関で手続きをした後、健康保険組合などに申請書を提出

■出産後申請の場合は後払い

どちらの制度も使わない場合、出産後に申請をすることによって、後から50万円を受け取れる。この場合、先に医療機関に出産費用を全額自分で払う必要がある

医療機関に出産費用を支払い → 医療機関などに手続き → 1〜2カ月程度で口座に入金される

クレジットカード対応の医療機関なら、カード払いにすればポイントを入手できる

■自治体によっては出産祝い金でさらに手厚く支援

　参考までに自治体によっては、**出産祝い金**が支給されます。各自治体で名称はさまざまです。

　東京23区の例ですが、千代田区では、「誕生準備手当」として、妊娠20週以降の妊娠をしている区民に対して、一時金として4万5000円を支給しています。万が一、流産や死産になってしまった場合でも支給されます。

　また、渋谷区では、妊娠12週を超えて妊娠をしている区民に対して「ハッピーマザー出産助成金」として、無事に出産した区民に子ども1人につき10万円を支給しています。さらに、練馬区では、3人以上子どもを産んだ区民に対して「第3子誕生祝金」として、第3子以降の出生した子どもひとりにつき、10万円を支給しています。たくさん子どもがほしいご家庭には嬉しい制度ですね。お住まいの自治体に出産祝い金があるかぜひ、確認してみましょう。

06 出産手当金

会社で働く女性が妊娠した場合、産前・産後休暇（産休）を取得することができます。ただし、会社は産休中に給料を支払う義務がないため、産休取得者は収入が減ってしまいます。出産手当金は、この産休中の収入減少を補う制度です。

【全国で利用可】

どんな制度？

得するお金	**日割り月収の3分の2程度** （1日あたりの出産手当金×休業日数）
利用できる人	**健康保険に加入している人で、産前・産後休業を取得した人** （パート・アルバイトでも健康保険に加入していればもらえる）
申請先	**勤務先**（その後、勤務先が健康保険組合などに申請）
いつもらえる?	**出産日から約3カ月後**（申請手続きから1〜2カ月後）

■産前・産後休暇中の給付制度

　働く女性が妊娠した場合、産前・産後休暇を取得することができます。出産予定日の6週間前（42日前）からが産前休暇、出産日から8週間後（56日後）までが産後休暇です。ちなみに、産前休暇は本人の申請により取得する休暇ですが、産後休暇は強制的に休まなければならない休暇です。

　とはいえ、約3カ月間、勤務先からの給料が支給されなければ家計は苦しくなります。こうしたときに受け取れるのが**出産手当金**です。

　正社員でもパート・アルバイトでも、勤務先の健康保険に加入していれば受け取れます。出産手当金で受け取れる金額は、「支給開始日の以前12カ月間の各標準報酬月額を平均した額÷30日×3分の2×産休日数」で計算します。標準報酬月額とは、給料などの1月分の報酬を、50

等級に区分したもの。健康保険や厚生年金保険の保険料を定める基準でもあります。ざっくり言えば、**日割り月収の3分2程度**がもらえます。

　なお、**国民健康保険には出産手当金の制度はありません。**自営業者や農業・漁業従事者、職場の健康保険をやめた人など、国民健康保険の加入者はもらえないので、注意しましょう。

■ 得するお金シミュレーション

　出産手当金で受け取れる金額は、「支給開始日の以前12カ月間の各標準報酬月額を平均した額÷30日×3分の2×産休日数」で計算します。

例①：12カ月間の各月の標準報酬月額を平均した額が20万円だった場合
▶ **1日あたりの出産手当金**：20万円÷30日×2/3＝**4444円**（小数点第1位四捨五入）
▶ **産休日数**：出産日前42日＋産後56日＝**98日**
▶ **出産手当金**：4444円×98日分＝**43万5512円**

　なお、出産予定日はあくまで予定ですから、予定日＝出産日となるとは限りません。出産予定日より出産が遅れた場合は産休の日数が増えるため、支給額が多くなります。逆に、出産が早まった場合は産休の日数が減るため支給額が少なくなります。

例②：上記の条件で出産予定日から5日遅れて出産した場合
▶ **1日あたりの出産手当金**：20万円÷30日×2/3＝**4444円**（小数点第1位四捨五入）
▶ **産休日数**：出産日前42日＋出産が遅れた期間5日＋産後56日＝**103日**
▶ **出産手当金**：4444円×103日分＝**45万7732円**

例③：前ページの条件で出産予定日から3日早く出産した場合

産休日数＝出産日前42日ー出産予定日より早く出産した期間3日＋産後56日＝95日

出産手当金＝4444円×95日分＝42万2180円

出産時期別の支給額の違い

◎予定通り出産

予定日/出産日 ※出産日は産前期間に入る

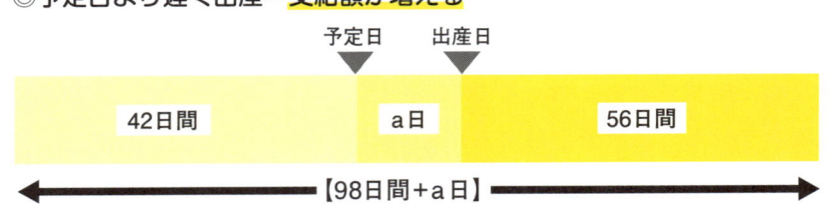

◎予定日より遅く出産＝支給額が増える

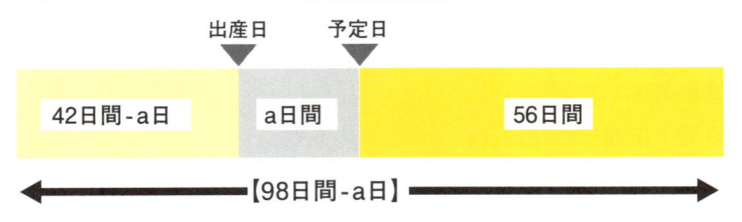

◎予定日より早く出産 ＝ 支給額が減る

■ 手続きの流れ

産休前に勤務先から出産手当金支給申請書をもらう
・必要事項を記入して保管しておく
・加入している健康保険のHPからもダウンロード可

出産後、申請書を医師・助産師に渡す
・医師・助産師にも必要事項を記入してもらう

産休後、勤務先に申請書を提出
・健康保険証のコピーなど、必要書類と一緒に提出
・申請期限は出産のために休業した日の翌日から2年以内。休業日1日ごとにもらえるため、申請期限も1日ごとに設定される。例えば手当支給対象期間が2月1日〜5月2日までの場合、2月1日分の申請期限は2年後の2月1日、5月2日の申請期限は2年後の5月2日となる

勤務先が健康保険組合などに申請書を提出
・申請者が自分で健康保険組合や協会けんぽに提出することもできる

健康保険組合から指定口座に振り込まれる
・振り込まれるのは手続きから1〜2カ月後

07 育児休業給付金

産休が終わると、今度は、育児休業に入る人は多いでしょう。原則として、子どもが1歳になるまで育児休業（育休）を取ることが可能ですが、その間会社は給料を支払う義務がありません。この収入減をカバーするのが「育児休業給付金」です。

【全国で利用可】

どんな制度？

得するお金 **1年取得で約180万円**（額面月収30万円の場合）

利用できる人 **雇用保険の被保険者で、育児休業を取得した人**

申請先 **勤務先**（その後、勤務先がハローワークに申請）

いつもらえる? **育休開始から約3カ月後に2カ月分給付**
その後は2カ月に1回ずつ給付される

■育休中に手取りの8割程度を受け取れる

　育児休業給付金は、育休を取得して仕事を休んでいる方が受け取れるお金です。利用すれば、賃金の67％相当を手にすることができます（詳細は次ページ）。この額は、**手取りの8割程度**にあたります。給付金には税金がかからず、育休中は社会保険料が免除されるからです。

　対象は、雇用保険に加入していて、育児休業開始前の2年間のうち12カ月間、各月の労働日数が11日を超えている人、または、賃金の支払いの基礎となった時間数が80時間以上ある人など。2回まで分割取得が可能です。契約社員やパートも対象です。

　原則子どもが満1歳になるまで受け取ることができますが、認可保育園に申し込んだものの空きがなく、市町村から「不承諾」の通知書を受

取っている場合には1歳6カ月まで延長できます。延長をしても保育園等に入れない場合は、2歳まで再延長することができます。

さらに、**パパ・ママ育休プラス**という制度もあります。パパ・ママ育休プラスとは、両親ともに育児休業をとった場合の特例です。父親が育児休暇を取得して育児参加をすることによって、従来は1年だった育児休業期間をさらに2カ月延長させることができます。離婚・死別などのケースは、子どもが満2歳になるまで延長できます。

◎被保険者（妻）が出産予定日から育児休業を取得する場合のイメージ

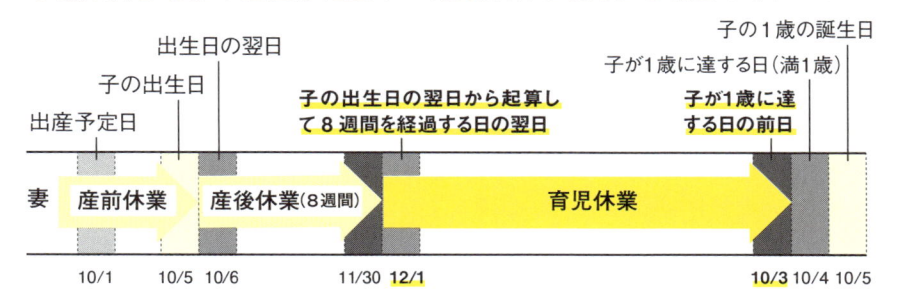

子の1歳の誕生日
子が1歳に達する日（満1歳）
出生日の翌日
子の出生日
子の出生日の翌日から起算して8週間を経過する日の翌日
子が1歳に達する日の前日
出産予定日

妻　産前休業　産後休業(8週間)　育児休業

10/1　10/5　10/6　11/30　**12/1**　**10/3**　10/4　10/5

■得するお金シミュレーション

育児休業給付金の支給額は以下のように、育休開始から6カ月を境に、支給される金額の割合が変わります。

> ◎育休開始から6カ月（180日）以内
> 休業開始時賃金×支給日数（30日）×67%（手取りの約80%）
> ・支給上限額：31万143円
> ・支給下限額：5万5194円（2024年7月31日までの金額）
>
> ◎育休開始から6カ月（180日）以降
> 休業開始時賃金×支給日数（30日）×50%（手取りの約58%）
> ・支給上限額：23万1450円
> ・支給下限額：4万1190円（2024年7月31日までの金額）

休業開始時賃金日額は、産前産後休業開始前6カ月間の額面の賃金を180で割って算出します。なお、ここには残業代や交通費、住宅手当などの諸手当は含まれますが、ボーナスは含まれません。

例①：休業開始前6カ月で180万円（月30万円）を得ていた場合の月額

▶ 育児休業前1日あたりの賃金：180万円÷180日＝1万円
▶ 育休開始から6カ月（180日）以内：1万円×30日×67％＝20万1000円
▶ 育休開始から6カ月（180日）以降：1万円×30日×50％＝15万円

例②：共働き夫婦（ともに額面月収30万円）の妻のみ育休（産休＋育休1年）を取得。出生日が2025年1月6日の場合

▶ 産休期間：2024年11月26日〜2025年3月3日までの98日間
▶ 育休期間：2025年3月4日〜2026年1月5日まで
▶ 出産手当金（産休中の給付金）：約65万円
▶ 育児休業給付金（3月4日〜8月30日までの180日間）：1万円×67％×180日＝120万6000円
▶ 育児休業給付金（8月31日〜1月5日までの128日間）：1万円×50％×128日＝64万円
▶ 育児休業給付金合計：184万6000円
▶ 産休・育休取得時の給付金合計：約250万円

例③：共働き夫婦（ともに額面月収30万円）がともに育休を取得（妻：産休＋育休1年／夫：育休1年）。出生日が2025年1月6日の場合

▶ 出産手当金（産休中の給付金）：約65万円
▶ 妻の育児休業給付金：184万6000円
▶ 夫の育休期間：2025年1月6日〜2026年1月5日まで
▶ 夫の育児休業給付金（1月6日〜7月4日までの180日間）：1万円×67％×180日＝120万6000円
▶ 夫の育児休業給付金（8月31日〜1月5日までの185日間）：1万円×50％×185日＝92万5000円
▶ 夫の育児休業給付金合計：213万1000円
▶ 夫婦給付金合計：約462万7000円

夫婦ともに育休を取得する場合、子どもが1歳2カ月に達するまで、延長が可能です。ただし、延長されるのは育休取得期間の期日であり、育児休業が取得できる期間はこれまでどおり1年間です。

◎育児休業給付金の給付率イメージ

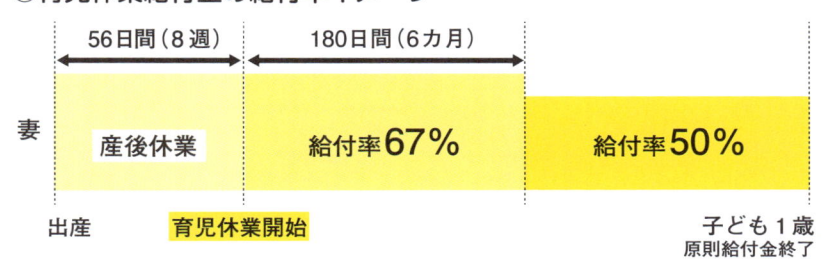

※産前・産後休暇中の収入減は、出産手当金（32p）で補うことが可能

■最大28日間、手取りの10割をもらえる

　2025年4月から改正雇用保険法が施行され、新たに**出生後休業支援給付金**が創設されます。

　これにより、もらえる給付金がアップします。子どもの出生直後の一定期間内（男性は子の出生後8週間以内、女性は産後休業後8週間以内）に雇用保険の被保険者とその配偶者の両方（夫婦）が14日以上の育児休業を取得する場合、**最大28日間、休業開始前賃金の13%相当額が給付されます**。育児休業給付とあわせて、給付率が80%となり、手取りで10割相当となります。育児休暇中の給付率が上がれば、男性が育児休業を取得しやすくなるかもしれませんね。

　※配偶者が専業主婦（専業主夫）の場合やひとり親家庭の場合などには、配偶者の出世後休業は不要。

◎2025年4月以降の育児休業給付金の給付率イメージ

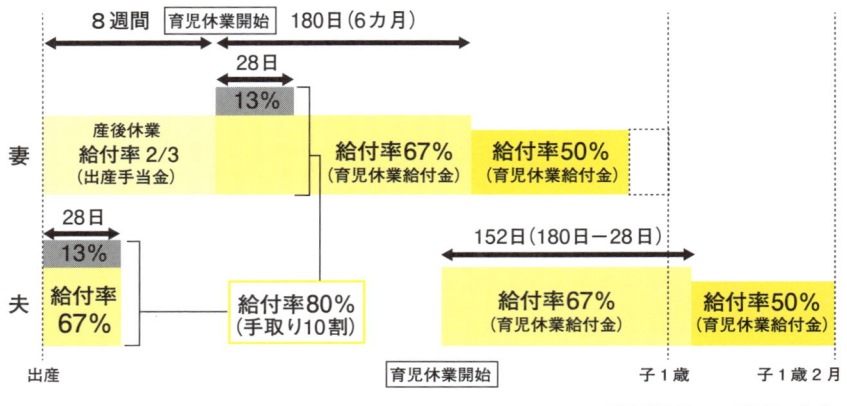

厚生労働省HPの図を元に作成

■ 手続きの流れ

勤務先の管轄部署に育休取得の旨を伝える

勤務先が必要書類をそろえてハローワークに申請
- 勤務先担当者は、育休開始日から4カ月が経過する日が属する月の末日までにハローワークに申請
- 申請が認められると勤務先宛てに支給決定通知書及び次回支給申請書が届く

指定口座に給付される
- 原則として2カ月分をまとめて受け取る
- 最初の2カ月分の給付は、育休開始から約3カ月後(出産から約4カ月後)

2回目以降の給付も基本的には勤務先が申請
- 2カ月ごとに賃金額や賃金状況を確認できる書類を添えて勤務先が申請

08 出生時育児休業給付金（産後パパ育休）

出生時育児休業とは、男性の育児休業の取得率の低さを改善するために2022年から新設された産後パパ育休制度です。父親が子どもの出生後8週間以内に最長4週間の休業を取得できます。

【全国で利用可】

どんな制度？

得するお金 4週間取得で約18万円（額面月収30万円の場合）

利用できる人 子どもの出生後8週間以内に産後パパ育休を取得した父親

申請先 勤務先（その後、勤務先がハローワークに申請）

いつもらえる? 出産から約9週後に支給される

男性版産休も手取りの8割がもらえる

　出生時育児休業とは、父親が子どもの出生後8週間以内（母親の産後休業中）に、最長4週間（28日）まで取得できる制度です。産後パパ育休とも呼ばれており、育休とは別に取得できます。

　通常の育児休業と同じく、産後パパ育休を取得すると給付金が支給されます。支給額は、「休業開始時賃金日額×休業期間の日数×67％」です。給付金に対して税金はかからず、社会保険料も免除されるため、**手取り額の8割相当が給付される**こととなります。

　産後パパ育休の特徴は、出生後8週間以内であれば、2回に分けて取得できるところです。「4週間まるまる職場を離れることが難しい」といった場合でも、分割取得をすることで、育休の取得をあきらめなくて

すみます。

　また、労使協定を締結している場合に限り、労働者が合意した範囲（10日以下または 10 日を超える場合は 80 時間以下）で休業中の就業も可能です。

◎産後パパ育休、通常の育休を利用した働き方、休み方のイメージ

産後パパ育休も育児休業も、取得中は給付金が支給される

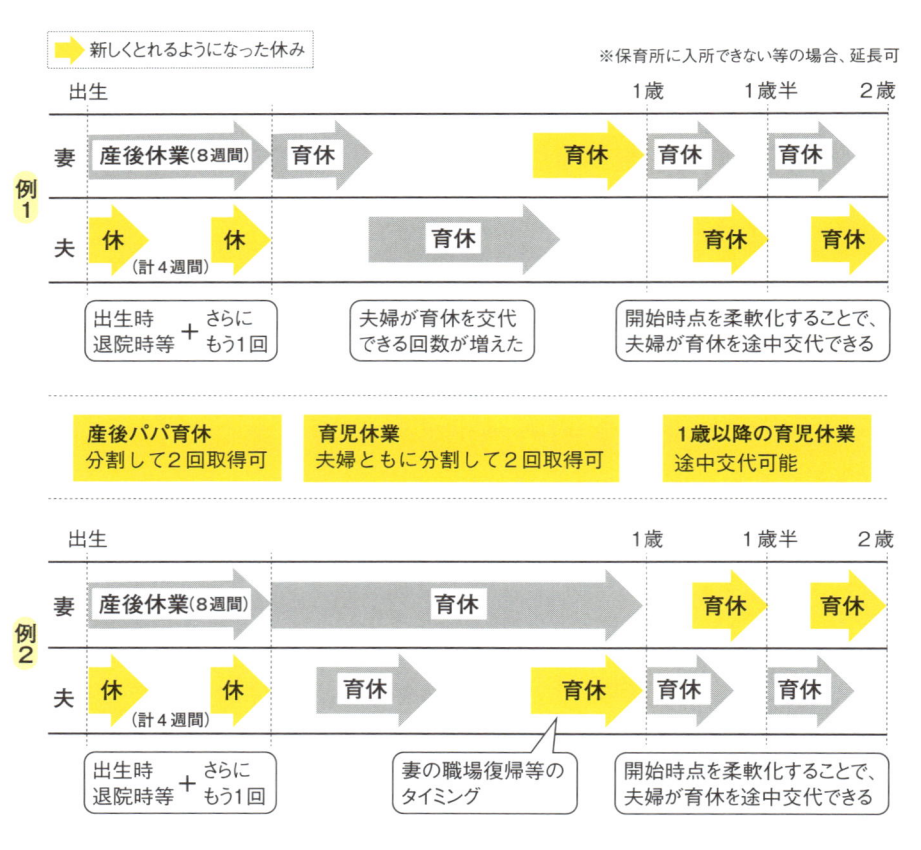

厚生労働省 HP「育児・介護休業法 改正ポイントのご案内」図を元に作成

■ 得するお金シミュレーション

> 支給額＝休業開始時賃金日額（休業開始前6カ月間の賃金総額÷180日）×
> 休業期間の日数（上限28日）×67%

> 例①：休業開始前6カ月で180万円（月30万円）の賃金を得ていた場合に産
> 後パパ育休を28日取得
> ▶育児休業前1日あたりの賃金：180万円÷180日＝1万円
> ▶1万円×28日×67%＝18万7600円
>
> ―――――――――――――――――――――――――――
>
> 例②：夫は産後パパ育休4週間（28日）、育休1カ月（30日取得）、妻は産後
> 休業＋育休1年を取得（夫婦ともに月30万円の賃金を得ていた場合）
> ▶夫の育児休業給付金：1万円×（28日＋30日）×67%＝38万8600円
> ▶妻の出産手当金：約65万円
> ▶妻の育児休業給付金：約182万円
> ▶合計：約286万円

■ 育休中も働けるが〝働きすぎ〟に注意

　出生時育児休業給付金を受給するためには、次の3つの要件を満たす
必要があります（正式に表現すると難しいので、かみ砕いて記載します）。

・2年間で11日以上働いた月が12カ月以上ある
・一定期間内に、労働契約期間が満了する予定がない（一定期間と
　は、子どもが生まれてから8週間を経過する日の翌日から6カ月を
　経過する日までのこと）
・休業期間中に就業した日数が最大で10日（10日以上ある場合は、就
　業時間が80時間）以下

このように、就業日数や時間数は要注意です。4 週間（28 日）フルで取得すれば、最大 10 日（10 日を超える場合は就業した時間数が 80 時間）まで働けますが、2 週間（14 日）の育休だと、働ける日数は 5 日または 40 時間までとなります。さらに、産後パパ育休中に就業して勤務先から給料が支払われた場合、以下のように給付金が減る可能性もあります。

◎出生児育児休業給付金の支給額　出典：厚生労働省

支払われた賃金の額	支給額
「休業開始時賃金日額 × 休業期間の日数」の 13％以下	休業開始時賃金日額 × 休業期間の日数 ×67％
「休業開始時賃金日額 × 休業期間の日数」の 13〜80％未満	休業開始時賃金日額 × 休業期間の日数 ×80％ ー賃金額
「休業開始時賃金日額 × 休業期間の日数」の 80％以上	支給されない

■ 手続きの流れ

勤務先の管轄部署に産後パパ育休取得の旨を伝える
・原則、休業の 2 週間前までに勤務先に申し出る必要がある
・分割取得する場合、初回にまとめて申し出るのが原則

勤務先が必要書類をそろえてハローワークに申請
・子の出生日から 8 週間を経過する翌日から提出可能
・当該日から 2 カ月を経過する日の属する月の末日が提出期限
・申請が認められると勤務先に「出生時育児休業給付金支給決定通知書書」が届く

指定口座に給付される
・支給決定から約 1 週間後に振り込まれる（出産から約 9 週後）

09 産休中の社会保険料を免除（会社員など）

会社員の女性が産休を取得した場合、産休中の社会保険料が全額免除になります。従業員と企業の負担を軽減するための制度で、免除された期間も保険料を納付したとみなされ、将来の年金額に反映されます。

【全国で利用可】

どんな制度？

得するお金　月額30万円の場合の免除額：**9万7020円**

利用できる人　**産休を取得した女性**

申請先　**勤務先**（その後、勤務先が年金事務所、健康保険組合などに申請）

いつから免除？　**産休開始日が属する月から免除**

■将来の年金額に悪影響なしで社会保険料が免除

　産休中と育休中は、一定の要件を満たす場合、**健康保険料、厚生年金保険料といった社会保険料が免除**されます。パートやアルバイトの方でも健康保険、厚生年金に加入していれば免除の対象になります。

　社会保険料を納めないと将来もらえる年金が減るのでは、と思われるかもしれませんが、大丈夫です。保険料の免除分は保険料を納付したものとみなされ、休業前の給与（標準報酬月額）に基づき将来の年金額に反映されます。

　なお、標準報酬月額とは、給料などの1月分の報酬を、50等級に区分したもの。健康保険や厚生年金保険の保険料を定める基準でもあります。年3回以下のボーナスや出張旅費、退職手当などは含まれません。この

標準報酬月額に基づいて、健康保険料や厚生年金保険料が決まります。

　産休中の社会保険料の免除期間は、産休の期間である**産前 42 日**（多胎妊娠の場合は 98 日）、**産後 56 日**です。この期間の間で、働いていなかった期間の社会保険料が本人、事業主分の両方とも免除されます。

　保険料の負担が免除される期間は、産休開始月から終了予定日の翌日の属する月の前月（産前産後休業終了予定日が月末日の場合は、産前産後休業終了月）までとなります。ただし、**実際の出産日が出産予定日よりも前後した場合、免除期間も変更になる可能性があるので、注意しましょう。**

◎保険料が免除される期間（産前・産後＆育児休業）

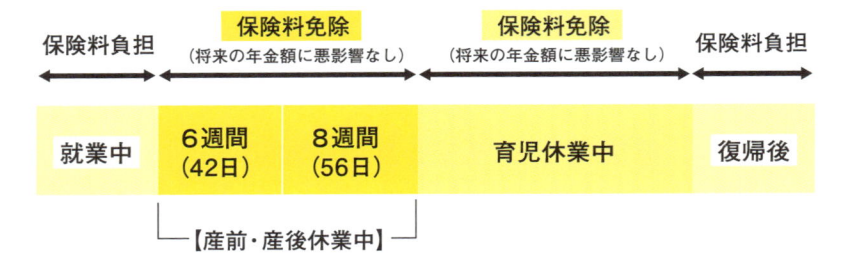

■ 得するお金シミュレーション

例①：30歳女性、出産予定日8月16日、月額30万円で産休を取得した場合
【社会保険料免除期間】
▶出産予定日：8月16日
▶産前休業：7月6日〜8月16日（42日）
▶産後休業：8月17日〜10月11日（56日）
▶社会保険料免除期間：7月分、8月分、9月分

例②：30歳女性、出産予定日8月16日、月額30万円で産休を取得した場合
【社会保険料免除の金額】
▶ 毎月の健康保険料自己負担額： 1万4970円
　　免除額：1万4970円×3カ月＝4万4910円
▶ 毎月の厚生年金保険料自己負担額：1万7370円
　　免除額：1万7370円×3カ月＝5万2110円
▶ 健康保険料＋厚生年金保険料免除額＝9万7020円
※全国健康保険協会令和6年度保険料額より算出
https://www.kyoukaikenpo.or.jp/g7/cat330/sb3150/r06/r6ryougakuhyou3gatukara/

■手続きの流れ

　社会保険料免除の手続きは、勤務先が行います。育児休業取得の旨を勤務先に伝えれば、必要書類を作成して申請してくれます。

勤務先の管轄部署に産休取得の旨を伝える
・出産予定日の6週間（42日）前までに会社へ産休取得の旨を伝える

勤務先が年金事務所などに産前産後休業取得者申出書を提出
・勤務先は、産前産後休業期間中または産前産後休業終了後の終了日から起算して1カ月以内の期間中に提出

社会保険料の免除開始
・予定日以外に出産するなどして休業期間が変更となった場合、勤務先に連絡。勤務先は年金事務所などに「産前産後休業取得者変更（または終了）届」を提出

10 育休中の社会保険料を免除（会社員など）

会社員の女性・男性が育休を取得した場合、育休中の社会保険料が全額免除になります。従業員と企業の負担を軽減するための制度で、産休中同様、免除された期間も保険料を納付したとみなされ、将来の年金額に反映されます。

【全国で利用可】

どんな制度？

得するお金	月額30万円の場合の免除額：**42万4200円**
利用できる人	**育休を取得した女性・男性**
申請先	**勤務先**（その後、勤務先が年金事務所、健康保険組合などに申請）
いつから免除？	**育休開始月から免除**

■最長で子どもが3歳になるまで社会保険料免除

　育休中も産休中同様、一定の要件を満たす場合、健康保険料、厚生年金保険料といった社会保険料は免除されます。育児休業法と勤務先独自の育児休暇制度などを併用すれば、最長で子どもが3歳になるまで適用されます。

　免除期間は、原則として、育休開始月から終了予定日の翌日の属する月の前月（育児休業終了日が月末の場合は、育児休業終了月）までとなります。

　以前は、育児休業の開始日の属する月と終了日の属する月が同一の場合は、終了日が同月の末日である場合を除き免除の対象となりませんでした。しかし、2022年（令和4）10月1日の改正で育児休業等開始日

と終了予定日の翌日が同月内にある 14 日以上の育児休業等を取得した場合も免除になり、育休の取得日数が少ない傾向にある父親の免除も受けやすくなりました。

　なお、賞与にかかる社会保険料の免除については、育児休業等の期間が連続して 1 カ月を超える場合に対象になります。

◎育児休業中の保険料の免除期間

・育休開始月から終了予定日の翌日の属する月の前月まで
・育休終了日が月末の場合は、育児休業終了月まで
・育休開始日が属する月内に14日以上育休を取得

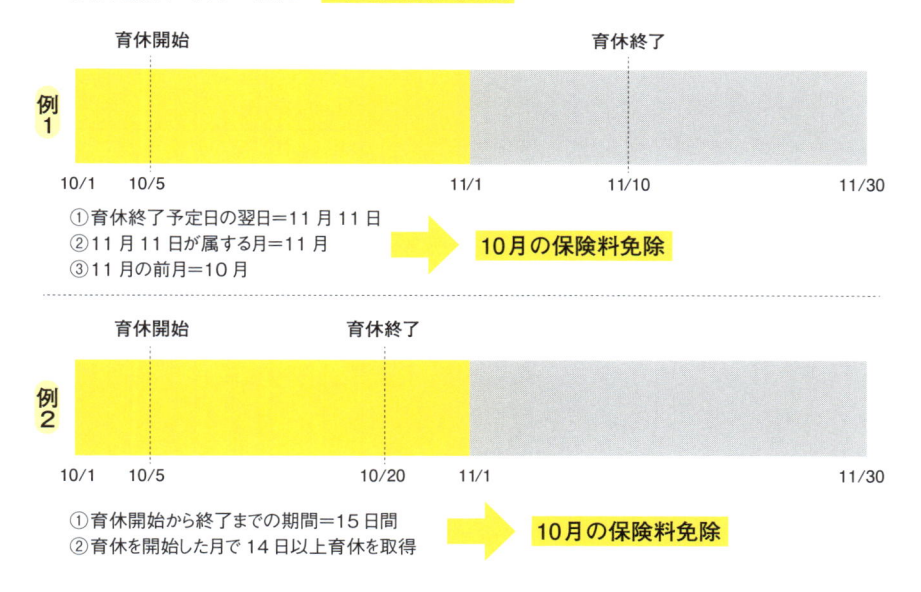

得するお金シミュレーション

　前項で紹介した産休の社会保険料免除とあわせて免除額をシミュレートすると、次のようになります。

■社会保険料免除により給付金額は手取りの8割に

　就業時の賃金からは税金や社会保険料が差し引かれるため、手取りが減ってしまいます。しかし、育児休業給付金には税金がかからず、社会保険料も免除されます。その結果、育休開始から6カ月の支給額は**手取りで就業時の8割程度**となります（出産から6カ月までの給付率67%の場合。それ以降の給付率は50%となり、手取り額の約58%に変わります）。

　政府が打ち出している少子化対策の一環で、育児休業給付金の支給額が見直されることになりました。2025年4月から一定要件を満たすと手取り8割相当から10割相当に引き上げられます。

　ただし、産休・育休中に税金の支払いがまったくなくなるわけではありません。給付金に税金はかかりませんが、**前年度の収入に対して、住民税がかかります。**

　では、どのように住民税を支払えばいいのでしょうか。勤務時には給料から天引きされますが、場合によっては、ご自身で支払う必要が生じます。それが、6月1日〜12月31日に産休に入った場合です。住民税の支払いはじめの基準は6月なので、この間に休業に入ると、会社は天引きができません。自分で納める必要があります。

　この場合、自治体から納付書が送られてくるので、金融機関やコンビ

ニで支払いを済ませましょう。支払いは通常、6月、8月、10月、翌年1月の4回ですが、希望すれば一括で支払うこともできます。

　なお、産休に入るのが1〜5月の場合、住民税は給与から一括で天引きされます。つまり、産休に入る前の最後の給与から、5月までの住民税が一括で徴収されることとなります。

◎育児休業前後の収入の変化イメージ

【育児休業前】

給与	23万円
所得税	5000円
社会保険料	3万円
雇用保険料	1200円
住民税	1万5000円
手取り	17万8800円

➡

【育児休業時】

育児休業給付金	15万4100円
所得税	0円
社会保険料	0円
雇用保険料	0円
住民税	1万5000円
手取り	13万9100円

■ 手続きの流れ

　社会保険料免除の手続きは、勤務先が行います。育児休業取得の旨を勤務先に伝えれば、必要書類を作成して申請してくれます。

勤務先の管轄部署に育児休業取得の旨を伝える
・勤務先には休業取得の1カ月前までに申し出る

⬇

勤務先が年金事務所などに育児休業等取得者申出書を提出
・年金事務所などに対して申請の手続きを行うのは勤務先
・育児休業等期間中または育児休業等終了日から起算して1月以内の期間に提出

⬇

社会保険料の免除開始
・育児休業が「延長」「予定よりも早く終了」した場合、勤務先に連絡。その後の手続きは勤務先が行う

11 産休中の国民年金保険料免除（フリーランスの女性）

2019年4月1日以降に個人事業主やフリーランスの方が出産した場合には、出産した前後の一定期間の国民年金保険料が免除になります。申請は、会社員の方と違い、自分で対応する必要があります。

【全国で利用可】

どんな制度？

得するお金 6万7920円（2024年）

利用できる人 個人事業主、フリーランスとして働く女性が出産したとき

申請先 居住する市区町村、年金事務所

いつから免除？ 出産予定月の前月から免除

■出産前後のフリーランスは年金の保険料が免除

　働き方改革が進み、多様な働き方が増えている今、以前よりも個人事業主やフリーランスとして働く人が増えています。フリーランスは、自分の裁量で自由に働ける魅力的な働き方である一方、正社員よりも社会保障制度が手薄な点がデメリット。そこで、このデメリットを少しでも解消するべく、社会的にもフリーランスの方を支援する動きが高まってきています。

　本項で紹介するのは、そんな支援策の一つです。2019年4月1日以降に個人事業主やフリーランスの方が出産した場合には、**出産前後の一定期間の国民年金保険料が免除**されるようになりました。

　具体的には、出産予定日（出産日）が属する月の前月から4カ月間の「産

前産後期間」の国民年金保険料が免除されます。

　なお、双子など多胎妊娠の場合は、出産予定日（出産日）が属する月の3カ月前から6カ月間の国民年金保険料が免除されます。

◎産休中の国民年金保険料の免除期間

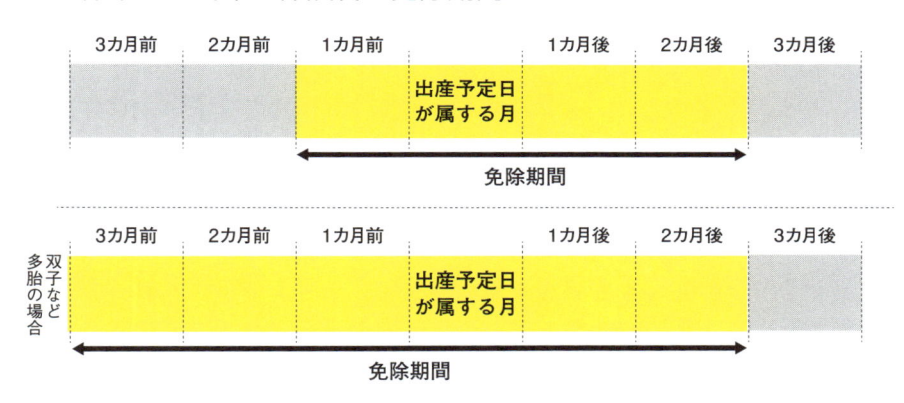

■ 得するお金シミュレーション

　フリーランスや個人事業主として働く方は、基本的に国民年金第1号被保険者として、国民年金保険料を納付しています。国民年金保険料の金額は毎年改定されており、2024年度は1カ月1万6980円です。2025年度の保険料は、530円アップの1万7510円と予定されています。

> 例①：フリーランスの方が2024年5月に出産した場合
> ▶2024年4月、5月、6月、7月の4カ月分の国民年金の保険料が免除
> ▶免除になる国民年金の保険料：1万6980円×4カ月＝6万7920円

例②：フリーランスの方が2025年5月に出産した場合
  ▶2025年4月、5月、6月、7月の4カ月分の国民年金の保険料が免除
  ▶免除になる国民年金の保険料：1万7510円×4カ月＝7万40円

■将来もらえる年金額は少なくならない

　フリーランスの方は、会社勤めの方がもらえる産休と育休の給付金をもらえません（出産費用として支給される出産育児一時金は、フリーランスの方ももらえます）。妊娠、出産を機に仕事を休んでしまうとその間無収入になってしまいます。

　保険料が免除になるのはとても喜ばしいことだと思いますが、一方で、「保険料免除は嬉しいけど、将来もらえる年金も少なくなるの？」と心配している方もいるのではないでしょうか。でも、安心してください。**産前産後期間の保険料免除の期間については、保険料を納付したものとみなされる**ので、将来受け取る年金額への影響はありません。

　ちなみに、国民年金保険料を前納で支払っているという方もいると思いますが、その場合には申請することにより、保険料は還付されます。

■手続きの流れ

　産前産後の国民年金保険料の免除を受けるには、会社員と違ってご自身で申請する必要があります。手順をしっかり押さえておきましょう。

国民年金被保険者関係届書（申出書）を記入
・出産予定日の6カ月前から申請可能
・申請書は年金事務所、役所で入手可。日本年金機構のHPからダウンロードもできる

市（区）役所・町村役場の国民年金担当窓口に申請書を提出

- 申請書にはマイナンバーを記載する必要がある
- 出産前に提出する場合、母子健康手帳か、医療機関が発行した出産の予定日等の証明書も必要
- 郵送でも手続き可能
- 日本年金機構の電子申請（マイナポータル）を利用することも可能

国民年金保険料の免除開始

　なお、産前産後の国民年金保険料の免除申請については、時効がありません。つまり、**出産後も手続きが可能**です。この場合の産前産後期間も、出産日の属する月の前月から翌々月までの4カ月間です。

　また、2019年2月1日以降に出産された方で、まだ手続きをしていない場合、今からでも還付（または未納分への充当）が受けられます。当てはまるという方は申請してみてはいかがでしょうか。

　なお、出産後に届出をする場合、申出書以外の添付書類は、市区町村で出産日等が確認ができる場合は不要です。ただし、添付書類がないと審査・認定まで1カ月程度時間がかかる場合もあるようです。お急ぎの場合は以下のいずれかの添付書類も用意しましょう。

戸籍謄（抄）本／戸籍記載事項証明書／出生受理証明書／住民票※／母子健康手帳／医療機関が発行した出産の日等の証明書

※別世帯の子の場合、出生証明書など出産日および親子関係を明らかにする書類が必要

12 産休中の国民健康保険料免除（フリーランスの女性）

国民年金保険料の免除に加えて、2024年1月1日より、個人事業主やフリーランスの方が出産した場合には、出産した前後の一定期間の国民健康保険料が免除になる制度がスタートしています。

【全国で利用可】

どんな制度？

得するお金 居住地の自治体や世帯収入などにより異なる

利用できる人 個人事業主、フリーランスとして働く女性が出産したとき

申請先 居住する市区町村

いつから免除？ 出産予定月の前月から免除

■フリーランスの国民健康保険料を免除

　2024年1月1日より、個人事業主やフリーランスの方が出産した場合には、**出産前後の一定期間の国民健康保険料が免除**されるようになりました。

　対象となるのは、前項目の国民年金保険料の免除期間と同一で、出産予定日（出産日）が属する月の前月から4カ月間の「産前産後期間」の国民健康保険料が免除されます。

　なお、双子など多胎妊娠の場合は、出産予定日（出産日）が属する月の3カ月前から6カ月間の国民健康保険料が免除されます。

　免除の対象は、2023年11月1日以降の出産です。例えば、出産予定月が2024年4月の場合、単胎妊娠の方は、3月、4月、5月、6月が

免除対象となり、3月分は、2023年度の保険料から減額され、4月～6月分は、2024年度の保険料から減額されます。多胎妊娠の方は、1月～6月分の保険料が免除対象になり、1月～3月分は、2023年度の保険料から減額され、4月～6月分は、2024年度の保険料から減額されます。

◎産休中の国民健康保険料の免除期間

※国民年金保険料の免除期間と同じ

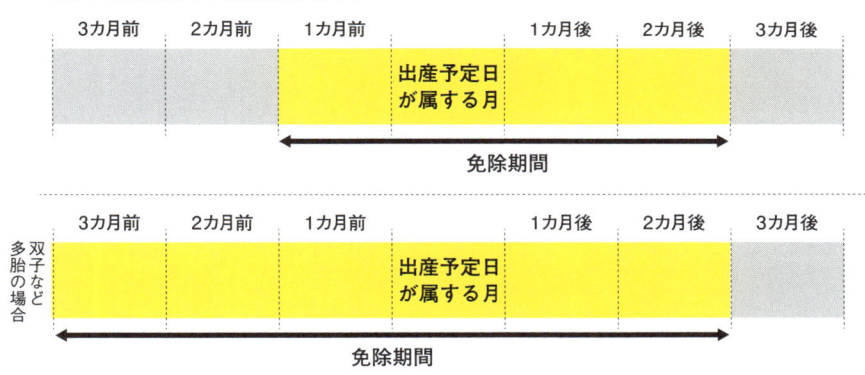

| 3カ月前 | 2カ月前 | 1カ月前 | 出産予定日が属する月 | 1カ月後 | 2カ月後 | 3カ月後 |

免除期間

（多子胎など場合）

| 3カ月前 | 2カ月前 | 1カ月前 | 出産予定日が属する月 | 1カ月後 | 2カ月後 | 3カ月後 |

免除期間

■得するお金シミュレーション

　国民健康保険は、世帯主の方が世帯全体の保険料を一括して納付する仕組みとなっています。そのため実際の保険料免除は、世帯主の保険料納付総額から出産する方ご本人分の「所得割」「均等割」の金額の4カ月分を減額することになります（次ページ図②）。

　次ページのケースを例に、得するお金がいくらになるか考えてみましょう。図には細かな内訳も記載していますが、やや小難しいので、①と②の年間保険料の違いを見ていただければ十分です。

◎新宿区居住2人世帯、世帯主（35歳・所得400万円）、配偶者（35歳・所得200万円・10月出産予定）の免除対象者の場合

①産前産後期間免除制度適用前の年間保険料

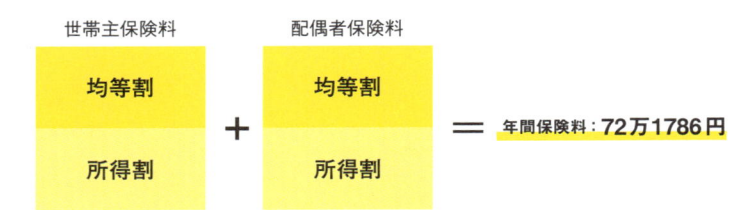

年間保険料：72万1786円

	均等割				所得額				保険料合計
	医療分	支援金分	介護分	合計	医療分	支援金分	介護分	合計	
世帯主	49,100	16,500	0	65,600	310,233	99,960	0	410,193	475,793
配偶者	49,100	16,500	0	65,600	136,433	43,960	0	180,393	245,993

※2023年度（令和5）保険料率に基づいて算定

世帯合計 721,786

②産前産後期間免除制度適用後の年間保険料

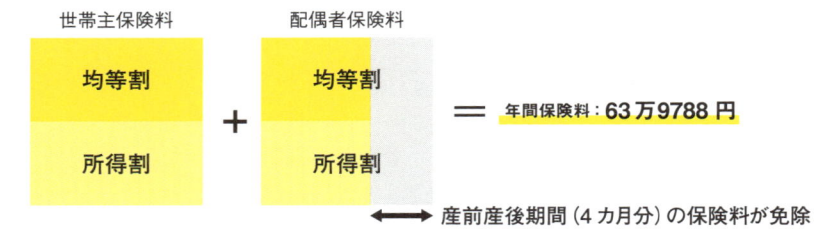

年間保険料：63万9788円

→ 産前産後期間（4カ月分）の保険料が免除

	均等割				所得額				保険料合計
	医療分	支援金分	介護分	合計	医療分	支援金分	介護分	合計	
世帯主	49,100	16,500	0	65,600	310,233	99,960	0	410,193	475,793
配偶者	32,733	11,000	0	43,733	90,955	29,307	0	120,262	163,995

└ 4カ月分の保険料が免除された後の金額

世帯合計 639,788

	均等割				所得額				軽減額合計
	医療分	支援金分	介護分	合計	医療分	支援金分	介護分	合計	
軽減額	16,366	5,500	0	21,866	45,478	14,653	0	60,131	81,998

■保険料の計算方法は自治体によって異なる場合も

　基本的に、国民健康保険料は世帯の被保険者ごとに各種の計算をし、それらを合計したものです。産前産後期間中に免除対象となる国民健康保険料はこのうち、所得割と均等割の全額です。

　ただし、市区町村によっては3方式（所得割・均等割・平等割）、4方式（所得割・均等割・平等割・資産割）もあり、場合によっては、全額の保険料が免除とならない場合もあります。

　また、免除に該当する月の保険料負担がなくならない自治体もあります。この場合、国民健康保険料が免除対象になる期間であっても、全額が無料になるわけではないので、注意しましょう。実際にいくらになるかは、各自治体のウェブサイトで計算方法を確認したり、ネットのシミュレーターを使ったりするといいでしょう。

■手続きの流れ

居住地の自治体窓口で手続き

・産前産後期間にかかる保険料軽減届出書（窓口やHPで入手可）、本人確認書類（マイナンバーカード、運転免許証など）、国民健康保険被保険証など、届出に必要な書類を用意
・自治体により必要な書類は異なるので要確認
・郵送・オンライン申請（マイナポータル）を受け付けている自治体もあり

国民健康保険料の免除開始

・免除期間は、出産予定日または出産日が属する月の前月から4カ月間
・双子や三つ子など多胎妊娠の場合は、出産予定日または出産日が属する月の3カ月前から6カ月間の国民健康保険料が免除される

第3章

出産後から一定年齢まで使える制度

13 子育て支援パスポート事業

全国の自治体が行っている子育て世帯を応援する事業です。企業、店舗などが子育て世帯や妊娠中の方がいる世帯に対して、各種割引など、さまざまなサービスを提供するお得な制度です。

【全国で利用可】

どんな制度？

得するお金	さまざまなジャンルの協賛店などで、各種割引などが受けられる
利用できる人	17歳まで（18歳未満）の児童がいる世帯、もしくは妊娠中の方がいる世帯など
申請先	居住する市区町村
いつもらえる？	自治体により異なるため要確認

■自治体ごとに特色ある支援が受けられる

　子育て支援パスポート事業とは、子育て世帯にやさしい社会の実現のため、国、地方自治体と企業、店舗が連携し、18歳未満の子どもがいる子育て世帯、もしくは妊娠中の方がいる世帯にさまざまなサービスを提供する事業です。事業内容は幅広く、各種割引・優待サービスやポイント付加サービス、ローンなど金利優遇、外出サポートなど、自治体により多種多様です。

　自治体は子育て世帯にパスポートを発行し、協賛企業、店舗等の協力のもと、さまざまな工夫をして取り組んでいます。パスポートの形態は、実施都道府県によって、カード、クーポン券、チラシ、携帯画面などがあります。対象やサービスの内容も、各自治体で異なります。また、各

都道府県と協力し、自分が住む地域以外でもサービスが受けられるように、全国共通で展開されているサービスも拡充されています。全国共通展開参加店舗では、全国共通「コソダテマーク」のステッカーやポスターを提示しています。

◎子育て支援パスポート事業概要

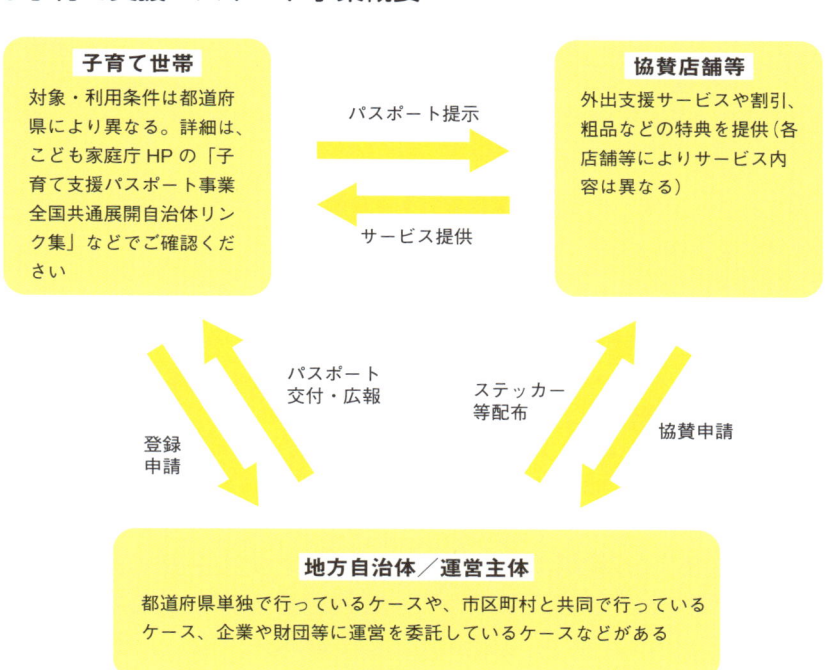

子育て世帯
対象・利用条件は都道府県により異なる。詳細は、こども家庭庁HPの「子育て支援パスポート事業全国共通展開自治体リンク集」などでご確認ください

パスポート提示

サービス提供

協賛店舗等
外出支援サービスや割引、粗品などの特典を提供(各店舗等によりサービス内容は異なる)

登録申請

パスポート交付・広報

ステッカー等配布

協賛申請

地方自治体／運営主体
都道府県単独で行っているケースや、市区町村と共同で行っているケース、企業や財団等に運営を委託しているケースなどがある

・パスポートはカード、クーポン券、チラシ、携帯画面など実施都道府県によって異なる
・カード等がなく、子育て家庭を店舗側が目視で確認する方法を採用している場合もある

東京都福祉局HPの図を元に作成

■得するお金シミュレーション

東京都の例：子育て応援とうきょうパスポート

▶コメダ珈琲店：大人1品以上注文で子ども（年齢は店舗により異なる）、妊婦にミニソフトクリーム1個プレゼント

▶ピザハット：セットや割引商品を含む購入金額から5％割引。公式サイトもしくは公式アプリから商品をカートに入れクーポン番号「R566677」を入力する

▶マクドナルド：ハッピーセットのチーズバーガーセットを特別価格で提供

▶カラオケ館：小学生以下は室料2時間無料、小学生以下の人数分アイスプレゼント（バニラ/チョコ）

▶モスバーガー：モスワイワイセットを50円割引で提供

■手続きの流れ

【東京都の場合】

| 市区町村庁舎等で 当事業のチラシを入手 | ネットで東京子育てスイッチ に利用者登録をするかアプリ をインストール |

↓ ↓

| チラシに印刷されている パスポートに必要事項を記入 | デジタルパスポート取得 |

↓ ↓

協賛店舗に提示

・手続きの方法は各自治体により異なるため、要確認

14 育児時短就業給付金制度

育児時短就業給付金制度は、柔軟な働き方として時短勤務制度を選択しやすくするため、育児のために時短勤務を行い収入が低下した場合の支援として、2025年4月に創設されることになりました。

【全国で利用可】

どんな制度？

得するお金　**2万円**（時短勤務中の賃金が月額20万円の場合）

利用できる人　1歳まで（2歳未満）の子どもを養育するために時短勤務を行う人

申請先　勤務先

いつもらえる?　具体的な給付時期は未定

■ 時短勤務中賃金の10%が給付される

　育児時短就業給付金制度は、育児を目的とした時短勤務による収入の低下に対して給付金を支給する制度です。労働者の育児とキャリア形成の両立支援の観点から、柔軟な働き方として時短勤務制度を選択しやすくするために創設されました。

　対象は、2歳未満の子どもを養育するために、2025年4月1日以降に雇用保険に加入して、時短勤務を行う男女労働者。具体的には、以下のとおりです。

「①時短勤務を開始する前の2年間にみなし被保険者期間が12カ月以上あること」「②育児休業給付金を受けていた場合、その育児休業終了後に引き続き育児時短勤務をしていること」「③出生時育児休業給付金

を受けていた場合、その出生時育児休業終了後に引き続き育児時短勤務をしていること」

　なお、柔軟な働き方を支える観点から、給付対象となる時短勤務の労働時間または日数については制限が設けられないことになっています。

　支給金額は、時短勤務中に支払われた賃金額の10％の金額です。ただし、賃金と給付額の合計が時短勤務前の賃金額を超えないように、一定の賃金額を超えた場合には、給付率を逓減させる仕組みとなっています。

■得するお金シミュレーション

育児時短就業給付の例①
- ▶時短勤務前の賃金：月額30万円
- ▶時短勤務中の賃金：月額20万円
- ▶給付金：20万円×10％＝2万円
- ▶時短勤務中の総支給額＝22万円

育児時短就業給付の例②
- ▶時短勤務前の賃金：月額30万円
- ▶時短勤務中の賃金：月額28万円
- ▶給付金：28万円×10％＝2万8000円
- ▶時短勤務中の総支給額＝30万円※
- ※時短前の賃金を超えない範囲で給付するので、30万円

■手続きの流れ

　育児時短就業給付金制度の申請方法は原則として勤務先を通して行います。会社ごとに申請の方法は異なるので、詳細は勤務先に確認するようにしましょう。

15 乳幼児医療費助成制度

乳幼児医療費助成制度（自治体により呼び名は異なる）は、子どもが病院に通院・入院する際にかかる費用を負担してくれる制度です。子どもの体調が悪いときでも、医療費の心配なく医療機関にかかることができて安心です。

【全国で利用可】

どんな制度？

得するお金 医療費の全部または一部を助成

利用できる人 健康保険、国民健康保険に加入している子ども

申請先 居住する市区町村
※自治体により、助成内容は異なります

いつもらえる? 申請した日から助成対象になる

■子どもの医療費が無償・負担減に

　子どもが医療機関を受診する際、通常は２割（義務教育就学前）または３割の医療費の自己負担が発生します。しかし、乳幼児医療費助成制度があるおかげで、**医療費が完全に無償となったり、医療費の負担割合が下がったり**します。

　乳幼児医療費助成制度は、国が一律で決めているものではなく、**自治体ごとに対象となる子どもの年齢や条件など、助成内容はさまざま**です。基本的に自治体に申請後発行される「乳幼児医療証」と「健康保険証」を診察時に医療機関の窓口に提示すれば、医療費の助成を受けられます。

　なお、これまでの健康保険証は、2024年12月2日をもって廃止され、2024年12月2日以降は現行の健康保険証は発行されなくなり、マイナ

保険証へと移行しています。ですから、マイナ保険証を持っている場合には、「乳幼児医療証」と「マイナ保険証」を提示します。

　ただし、これまでの健康保険証は医療機関などで使えなくなるのかというと、そうではなく、2024 年 12 月 2 日から最長 1 年間、有効である限り使用できます。ただし、2025 年 12 月 1 日より前に有効期限が切れる場合や、転職や引っ越しなどで保険者が変わる場合は、その時点までが有効期限です。

■ 得するお金シミュレーション

例：3歳が医療機関で受診／自治体の助成内容が医療費の全額負担の場合
▶通常、医療費の自己負担は2割
▶医療機関で受診し、医療費が1万円の場合、自己負担金額は2000円
▶自己負担金額2000円が助成され、医療費は無料になる

■ 東京都などは高校生の医療費も一部助成

　東京都は 2023 年度から、高校生の医療費について「所得制限あり・自己負担通院 1 回 200 円」の助成を行っています。これに加えて、東京 23 区は各区が必要な費用を負担して「所得制限なし・自己負担なし」の医療費無償化を実現させています。

　都道府県の医療費助成の対象年齢として一番多いパターンは、通院・入院費ともに「就学前」までです。とはいえ、次ページの図のとおり、いつまで助成を受けられるかは、自治体により幅があります。

　東京 23 区と同じように、高校生までの医療費（通院費または入院費）の助成が受けられる都道府県は、福島県・茨城県・鳥取県・静岡県の 4 県です。しかし、福島県は所得制限も一部自己負担もあります。鳥取県

と静岡県は、所得制限はないものの、一部自己負担があります。茨城県については、所得制限も自己負担もある上、高校生の助成は入院費のみ、通院費は小学生までが対象となっています。

　都道府県とは別に、市区町村でも医療費助成を設けています。市区町村別に見ると、通院で733自治体、入院で799自治体、**全国のなんと4割強の自治体が高校生（18歳年度末）まで医療費助成を用意している**ことがわかります。また、愛知県豊田市や東海市のように、高校生を過ぎても補助対象となっている自治体もあります。

◎都道府県の医療費補助実施状況

対象年齢	通　院	入　院
実施都道府県数計	47	47
4歳未満	3	1
5歳未満	1	0
就学前	25	20
9歳年度末	3	1
12歳年度末	4	6
15歳年度末	7	14
18歳年度末	3	4
その他	1	1

所得制限	通　院	入　院
所得制限なし	18	19
所得制限あり	28	27
その他	1	1

一部自己負担	通　院	入　院
自己負担なし	10	12
自己負担あり	36	34
その他	1	1

※交付金のため、対象年齢・所得制限・一部自己負担に関する規定なし
　交付金の規模は12歳年度末までに相当

厚生労働省「乳幼児等に係る医療費の援助についての調査」（令和2年度）より

◎東京都以外で高校生まで医療費助成を受けられる4県

都道府県	通 院	入 院	所得制限	一部自己負担
福島県	高校生まで	高校生まで	入：あり／通：あり	入：あり／通：あり
静岡県	高校生まで	高校生まで	入：なし／通：なし	入：あり／通：あり
鳥取県	高校生まで	高校生まで	入：なし／通：なし	入：あり／通：あり
茨城県	小学生まで	高校生まで	入：あり／通：あり	入：あり／通：あり

■ 手続きの流れ

出産後、子どもの健康保険に加入

- 健康保険に加入する人（会社員や公務員）は出生日から5日以内に、勤務先を通じて健康保険組合などに「健康保険被扶養者（異動）届」を提出
- 国民健康保険に加入する人（自営業、フリーランス）は、出生日から14日以内に、自治体窓口などで子どもを国民健康保険に加入させる

申請書と必要書類を自治体窓口に提出

- 子どもの健康保険証が届いたら「子ども医療費助成制度医療証交付申請書」に必要事項を記入し、子どもの保険証のコピーや本人確認証を用意して窓口へ
- 自治体によっては郵送やオンライン申請が可能

子どもの年齢に応じた医療証が送られる

- 申請から1週間ほどで送られる（詳細は自治体に要確認）

医療機関に医療証と保険証を提示すると医療費が助成される

- 乳幼児、小学生〜中学生、高校生など、年齢ごとに医療証は異なる

16 児童手当

児童手当は、2024年10月から拡充され高校生年代（18歳の誕生日後の最初の3月31日まで）までの子どもがいる世帯に対して給付されます。所得制限も撤廃され、第3子以降の支給額も3万円に増額になっています。

【全国で利用可】

どんな制度？

得するお金　　3歳未満：**月額1万5000円**
　　　　　　　　　3歳〜高校生：**月額1万円**
　　　　　　　　　※第3子以降はいずれも月額3万円

利用できる人　高校生年代までの児童を養育する人

申請先　　　　居住する市区町村

いつもらえる?　偶数月に2カ月分が支給される

■ 0歳から高校生まで月額1万円以上が給付される

　2024年10月から児童手当が拡充されました。児童手当は、高校生年代（18歳の誕生日後の最初の3月31日まで）までの子どもがいる世帯に対して給付されます。共働きで両親とも収入がある場合、所得が高い方が受給者になります。

　支給される金額は、子どもの年齢や人数によって異なりますが、3歳未満は月額1万5000円、3歳〜高校生年代は月額1万円、第3子以降の子どもには月額3万円が支給されます。第3子以降にカウントされる対象の年齢がこれまでは18歳年度末でしたが、22歳年度末までに延長されています。

　また、これまでの児童手当では、所得制限限度額以上の所得がある世

帯には「一律5000円／月」しか支給されず、所得上限限度額以上になると支給が止められていましたが、2024年10月から所得制限が撤廃されました。支給方法も変更になり、2月・4月・6月・8月・10月・12月に、それぞれの前月分までの2カ月分が支給されます。

◎児童手当の支給額

児童の年齢	支給額（月額）	
	第2子まで	第3子以降
0〜2歳（3歳未満）	1万5000円	3万円
3歳〜高校生年代	1万円	3万円

高校生年代：18歳の誕生日後の最初の3月31日まで

■ 得するお金シミュレーション

例①：2歳と小学生の子どもがいる世帯

▶ 2歳の子どもの支給額：月額1万5000円

▶ 小学生の子どもの支給額：月額1万円

▶ 合計：月額2万5000円

▶ 2カ月分が振り込まれるので、5万円振り込まれる

例②：中学生の子ども1人と高校生の子どもが2人いる世帯

▶ 高校生の子どもの支給額：月額1万円×2人＝2万円

▶ 中学生の子どもの支給額：第3子に当たるので月額3万円

▶ 合計：月額5万円

▶ 2カ月分が振り込まれるので、10万円振り込まれる

◎2024年10月からの児童手当の変更点

	2024年9月まで（月額）	2024年10月から（月額）
3歳未満	1万5000円	1万5000円
3歳〜小学生	1万円	1万円
中学生	1万円	1万円
高校生	なし	**1万円**
第3子以降	3歳〜小学生：1万5000円に増額	**3歳〜18歳：3万円に増額**
所得制限	（扶養親族3人の場合の目安） 年収960万円以上：5000円に減額 年収1200万円以上：支給停止	**なし** 所得制限撤廃

（株）Money&Youによる図を元に作成

◎第3子以降のカウント方法について

第3子：児童及び児童の兄姉等のうち、年齢が上の子から数えて3人目以降の子

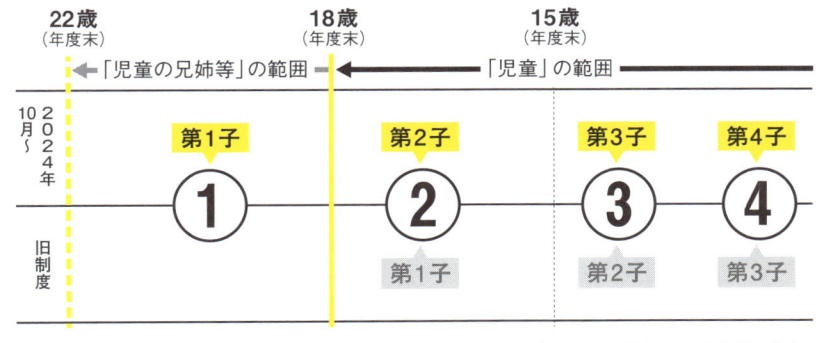

こども家庭庁HP「「第3子以降」のカウント方法はこちら」を元に作成

■手続きの流れ

出産後に自治体へ、認定請求書を必要書類とともに提出

- 基本的に、子どもが生まれてから15日以内に自治体に申請
- 子どもが生まれてから15日を過ぎて申請すると、遅れた月の手当てはもらえない。里帰りをしている方などは要注意
- 必要書類は、申請者と配偶者のマイナンバーカードのコピーや、本人確認書類（運転免許証、パスポートなど）、振込先の金融機関の口座番号がわかるものなど。自治体により異なるので要確認
- 振込先の口座は手当を受け取る人が名義人でなければならないため、子どもや配偶者名義の口座は使えない

認定を受けると申請した月の翌月分から支給開始

- 偶数月に前月分までの手当が支給される
- 続けて手当を受ける場合、現況届の提出は原則必要なし。ただし、自治体の判断により現況届の提出を求められることもあるため、要確認
- 公務員の場合は勤務先の所属庁で手続きをして給付を受ける

15日特例ルールを受けられる場合もある

- 出生日が月末に近い場合は、その日の翌日から15日以内に申請すれば、申請月分から手当を受け取ることができる

17 018サポート

「018（ゼロイチハチ）サポート」は、2023年に始まった東京都の制度です。都内在住者の子育てを支援するために、0歳から18歳の子どもに対して、月額5000円を支給します。所得制限はなく、生活保護を受けていても受給できます。

【東京都で利用可】

どんな制度？

得するお金 **月額5000円**（年間最大6万円）

利用できる人 東京都在住の0歳～18歳の子ども

申請先 東京都の018サポートHPでオンライン申請
（オンライン申請ができない場合は郵送）

いつもらえる? 8・12・4月に4カ月分ずつ支給

都内在住者に所得制限なしで月5000円を支給

　018サポートは、東京都独自の制度です。都内在住の0歳から18歳までの子どもを対象に、毎月5000円を支給します（正確には、18歳に達する日以降の最初の3月31日まで）。所得制限はありません。都外に引っ越し（転出）した場合でも、在住期間に応じて支給を受けるができます。

　支給時期は、8月、12月、4月の年3回。各時期に4カ月分が支給されます。一度申請すれば、次の支給時期に申請する必要はありません。

　新しく申請する場合、**申請期限がある**ので要注意です。2024年度の場合、申請期限は8月分が7月15日、12月分は11月15日で、2025年4月支給分は3月15日です。新規に申請する方は2025年度の申請期限もチェックして、申請漏れがないようにしましょう。

◎転出・転入した場合の支給額 東京都HPの図を元に作成

・都内在住または在住していた月数に応じて支給　・各月1日時点の在住状況を確認

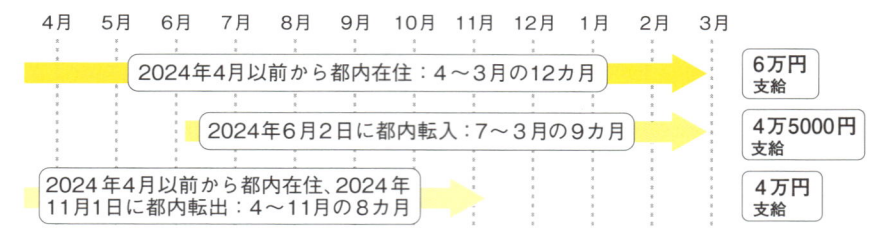

| 4月 | 5月 | 6月 | 7月 | 8月 | 9月 | 10月 | 11月 | 12月 | 1月 | 2月 | 3月 |

2024年4月以前から都内在住：4〜3月の12カ月 → **6万円支給**

2024年6月2日に都内転入：7〜3月の9カ月 → **4万5000円支給**

2024年4月以前から都内在住、2024年11月1日に都内転出：4〜11月の8カ月 → **4万円支給**

■ 得するお金シミュレーション

例：0歳の子ども1人を養育。2025年2月にオンラインで申請

▶ 3月15日以前に申請したので、2025年4月に4カ月分の<u>2万円支給</u>

▶ その後、8月、12月にそれぞれ2万円が支給されるので<u>年6万円支給</u>

■ 手続きの流れ

マイナンバーカードを使ってオンライン申請

・次の3条件を満たせば申請可。「親と子がマイナンバーを所持」「親子どちらかの公金受取口座を登録」「親子の住民票住所地が都内で、世帯が同じ」
・修学、留学、就労、療養等で一時的に東京都外に住んでいても対象
・スマートフォンを利用して申請サイトにアクセス。マイナンバーを読み取る
・オンライン申請ができない場合、「東京都018サポート給付金コールセンター」（0120-056-018）に連絡すれば、郵送手続きが案内される

↓

年3回、前4カ月分が指定口座に振り込まれる

・8月は4〜7月分、12月は8〜11月分、4月は12〜3月分が支給される
・新しく子どもが生まれた場合、新しい子どもの分のみ新規に申請

18 児童扶養手当

児童扶養手当は、父母が離婚、死亡したなどで、父子家庭・母子家庭となったひとり親世帯の生活と子どもの育成を支援することを目的に支給されます。児童扶養手当の金額は、ひとり親の所得や子どもの数によって違います。

【全国で利用可】

どんな制度？

得するお金 月額1万750円〜4万5500円（2024年）

利用できる人 18歳までの児童を1人で養育している人など

申請先 居住する市区町村

いつもらえる? 奇数月に2カ月分が支給される
（申請した月の翌月から対象）

■ひとり親を支援する国の制度

　児童扶養手当は、ひとり親などの養育者を対象に、子どもの養育のために都道府県や市、福祉事務所設置町村から支給される手当で、国の制度です。

　支給対象には、0〜18歳（18歳に到達後、最初の3月31日）までの子どもを育てる父または母、父母に代わり養育にあたる祖父母などの養育者も含まれます。ただし、子どもが心身に障害を持っている場合には、対象となる子どもの年齢は20歳までになります。

　児童扶養手当の金額は、ひとり親の所得や子どもの数によって違います。子ども1人の場合は、月額で最大4万5500円支給、第2子は、月額で最大1万750円、第3子以降は、2024年11月以降は児童2人目と

同額になり、月額で最大1万750円が加算されます。全額支給となる所得制限も変更があり、扶養する児童1人の場合は、年収190万円、扶養する児童2人の場合は、年収244万3000円、扶養する児童3人の場合は298万6000円になっています。

　支給される時期は、年に6回。1月、3月、5月、7月、9月、11月の奇数月です。

◎児童扶養手当の支給額

扶養する児童数	支給額（月額）	
	全部支給	一部支給※
1人	4万5500円	1万740円〜4万5490円
2人の加算額	1万750円	5380円〜1万740円
3人の加算額	1万750円	5380円〜1万740円

※一部支給：前年の所得や養育費に応じて一部を支給

◎2024年11月から児童扶養手当が拡充

年収上限

扶養親族等の数※	全部支給となる年収上限（収入ベース）	
	これまで	11月分から
1人	160万円	190万円
2人	215万7000円	244万3000円
3人	270万円	298万6000円

第3子以降の月ごとの支給額

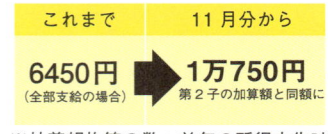

これまで	11月分から
6450円（全部支給の場合）	1万750円 第2子の加算額と同額に

※扶養親族等の数：前年の所得申告時に申告した扶養親族の人数

■得するお金シミュレーション

例①：ひとり親家庭、年収190万、子ども1人の場合

▶子ども1人で母の年収が190万円なので、児童扶養手当の全部支給となる年収に該当

▶児童扶養手当として、月に4万5500円が支給される

例②：ひとり親家庭、年収298万円、子ども3人の場合

▶ 子ども3人で母の年収が298万円なので、<mark>児童扶養手当の全部支給</mark>となる年収に該当

▶ 児童扶養手当として、子ども1人目4万5500円、2人目1万750円、3人目1万750円が支給される

▶ <mark>合計6万7000円が月ごとに支給される</mark>

■児童扶養手当の付帯サービス

　国や各市区町村では、児童扶養手当を受け取っている父子家庭、母子家庭を対象にさまざまな支援を行っています。

　例えば、国からは、仕事に役立つ資格取得や職業訓練、求職活動支援、通勤定期の補助などを受けることができます。

　また、市区町村によっては、市区町村営住宅に優先的に入居できる、保育園入園や学童保育を優先的に利用できる、ごみ処理や上下水道料金の減免、公共施設利用料金の減免など、独自のサービスが受けられます。

◎ひとり親を対象にしたさまざまな支援制度

支援の主体	支援内容
国の支援 （全国ほぼ共通）	**就職に結びつきやすい資格取得へ支援** ・自立支援教育訓練給付金 ・高等職業訓練促進給付金 ・高等学校卒業程度認定試験合格支援事業 ・自立支援プログラム策定事業の割引や減免 ・JR 通勤定期3割引 ・地下鉄無料乗車券1人分支給
市区町村独自の支援 （市区町村により違う）	・市区町村営宅への優先入居 ・保育園入園・学童保育の優先 ・ごみ処理や上下水道料金の減助 ・市区町村の公共施設利用料金の減免など

■手続きの流れ

市区町村の窓口に必要書類を持って申請の旨を伝える

- 窓口は福祉課や子育て支援課など、自治体により異なる
- 必要書類は戸籍謄本、マイナンバーカード、振込先の口座を確認できるものなど
- 口座は請求者本人名義のものに限る

窓口で児童扶養手当認定請求書を記入

- HPから「児童扶養手当認定請求書」をダウンロードできる自治体は多い

審査通過後、申請の翌月分から支給開始

- 通常、審査結果が出るまでに2〜3カ月かかる

継続するには毎年8月中に現況届を提出

- 現況届には住所や1年間の所得、生活の状況について記入。これをもとに次の1年間の手当額が決まる
- 現況届を2年間提出しないと受給資格がなくなる
- 児童扶養手当を受け取り始めてから5年以内に事情もなく仕事に就いていない場合、支給額は、それまでの支給額の2分の1になる

19 児童育成手当

児童育成手当は、父母が離婚、死亡したなどで、父子家庭・母子家庭となったひとり親世帯や父母どちらかに重度の障害があり子どもを養育している方を対象に支給される手当です。児童扶養手当とは違い、東京都独自の制度です。

【東京都で利用可】

どんな制度？

得するお金 月額1万3500円（児童1人につき）

利用できる人 東京都内に在住で18歳までの児童を1人で養育している人など

申請先 居住する市区町村（東京都）

いつもらえる? 2・6・10月に前月分までが支給される
（申請した月の翌月から対象）

■東京都がひとり親に手当を支給

　児童育成手当は、ひとり親などの養育者を対象に子どもの健やかな成長の助成をするための制度です。児童扶養手当は国の制度ですが、児童育成手当は**東京都独自の制度**。支給対象は、0〜18歳（18歳に到達後、最初の3月31日）までの子どもを育てる母または父などです。

　児童育成手当の金額は、**子ども1人につき1万3500円**です。ただし、所得制限があります。子どもの人数により異なりますが、子ども1人の場合、養育者の年間所得が398万4000円を超えると受給できません。

　支払い方法は年3回、2月（10〜1月分）、6月（2〜5月分）、10月（6〜9月分）となっています。条件を満たしていると、児童手当、児童扶養手当、児童育成手当のすべてを受給できます（次ページ図参照）。

◎児童育成手当の所得制限（扶養1人あたりの加算額：38万円）

扶養親族等の数※	0	1	2	3	4
限度額	360万4000円	398万4000円	436万4000円	474万4000円	512万4000円

※扶養親族等の数：前年の所得申告時に申告した扶養親族の人数。申請者が親（子どもにとっては祖父母）など親族を扶養している場合もカウント。配偶者は含まない
※扶養親族等0人とは例えば、「子どもは父親の扶養に入っていて、母親が制度の申請者」の場合など

■得するお金シミュレーション

例：東京都在住、ひとり親家庭15歳の子ども1人、親の所得金額が87万円の場合

児童手当、児童扶養手当、児童育成手当全てを受け取ることができる

▶児童手当：月額1万円
▶児童扶養手当：月額4万5500円
▶児童育成手当：月額1万3500円
▶合計：月額6万9000円

◎児童扶養手当と児童育成手当の所得限度額

扶養親族等の数	所得制限限度額（収入ベース）	
	児童扶養手当（国の制度）	児童育成手当（都の制度）
0人	全部支給：142万円 一部支給：334万3000円	360万4000円
1人	全部支給：190万円 一部支給：385万円	398万4000円
2人	全部支給：244万3000円 一部支給：432万5000円	436万4000円
3人	全部支給：298万6000円 一部支給：480万円	474万4000円

■児童育成手当の他に「障害手当」がある自治体も

　北区や文京区、豊島区など、自治体によっては、児童育成手当の他に「障害手当」を設けているところもあります。

　障害手当は、20 歳未満の「知的障害で愛の手帳１・２・３度程度」「身体障害で身体障害者手帳１・２級程度」「脳性麻痺または進行性筋萎縮症」等の障害のある子どもを養育している家庭に対する手当です。心身障害者福祉手当を受給している場合は対象外です。

　支給金額は月額１万 5500 円です。条件が合えば、育成手当と障害手当を併給することができます。所得制限の金額や支給月、支払い方法については、児童育成手当と同様です。

■手続きの流れ

市区町村の窓口で申請
・窓口は福祉課や子育て支援課など
・必要書類は、申請者及び子どもの戸籍謄本、身元確認書類、銀行口座番号が確認できるものなど
・支給要件によっては他の書類が必要になる場合もあり

申請受理後、指定の口座に振り込まれる
・支給されるのは、申請が受理された月の翌月分から
・正確な時期は自治体HPや窓口などで要確認

継続するには毎年一定時期に現況届を提出
・提出時期が近づくと自治体から現況届が送られてくる（自治体により対応は異なるので要確認）
・現況届を提出しないと受給資格がなくなる
・現況届の提出時期は、6月中、8月中など自治体により異なる

20 特別児童扶養手当

特別児童扶養手当とは、20歳未満で精神または身体に障害のある子どもを育てている父母、または父母に代わって養育している養育者を対象に支給される手当で、国の制度です。支給される金額は障害の程度に応じて異なります。

【全国で利用可】

どんな制度？

得するお金
1級（重度の障害）：月額5万5350円
2級（中度の障害）：月額3万6860円

利用できる人 20歳未満の障害のある児童を養育している人

申請先 居住する市区町村

いつもらえる? 4・8・12月に前月分までが支給される
（申請した月の翌月から対象。12月に支給されるのは9〜11月分）

■中度・重度の障害がある子どもの養育者に支給

　特別児童扶養手当とは、20歳未満の身体、知的、発達、精神に障害のある子どもを育てる父母、または父母に代わって養育している方を対象に支給される手当です。障害を持つ子どもとその養育者の日常生活や直面するさまざまな課題に対し、経済的な支援を提供することで、豊かな生活を送れるサポートをすることを目的としています。支給金額は、障害の認定基準に基づき、その程度に応じて1級または2級として認定され、1級は、月額5万5350円、2級は、月額3万6860円支給されます。ただし、特別児童扶養手当には、所得制限があり、受給者と配偶者、または扶養義務者の前年の所得が一定額以上ある場合は支給されません。

◎特別児童扶養手当の所得制限限度額

扶養 親族等 の数	受給資格者本人		受給資格者の配偶者及び扶養義務者	
	所得額	参考：収入額の目安	所得額	参考：収入額の目安
0	459万6000円	642万円	628万7000円	831万9000円
1	497万6000円	686万2000円	653万6000円	858万6000円
2	535万6000円	728万4000円	674万9000円	879万9000円
3	573万6000円	770万7000円	696万2000円	901万2000円
4	611万6000円	812万9000円	717万5000円	922万5000円
5	649万6000円	854万6000円	738万8000円	943万8000円

厚生労働省HPより

■得するお金シミュレーション

特別児童扶養手当は、年に3回、4月（前年12月〜3月分）、8月（4〜7月分）、12月（8〜11月分）に4カ月分まとめて支払われます（12月ではなく11月に支給する自治体もあります）。

例①：両目の視力がそれぞれ0.03以下の障害を持っている子どもの場合

▶障害等級1級に該当するので、月額5万5350円が支給される

例②：平衡機能に著しい障害を持っている子どもの場合

▶障害等級2級に該当するので、月額3万6860円が支給される

■特別児童扶養手当の障害程度認定基準

特別児童扶養手当は、対象となる子どもの障害の程度によって1級または2級に区分されます。おおむね身体障害者手帳1〜3級程度、療育手帳A・Bが対象となるほか、手帳がない場合でも障害の程度によっては支給対象になる場合があります。等級別の障害程度の認定基準は次ページ図のとおりです。

◎特別児童扶養手当の認定基準（特別児童扶養手当等の支給に関する法律施行令）

1級

1　次に掲げる視覚障害
a　両眼の視力がそれぞれ0.03以下のもの
b　一眼の視力が0.04、他眼の視力が手動弁以下のもの
c　ゴールドマン型視野計による測定の結果、両眼のI／4視標による周辺視野角度の和がそれぞれ80度以下かつ1／2視標による両眼中心視野角度が28度以下のもの
d　自動視野計による測定の結果、両眼開放視認点数が70点以下かつ両眼中心視野視認点数が20点以下のもの
2　両耳の聴力レベルが100デシベル以上のもの
3　両上肢の機能に著しい障害を有するもの
4　両上肢の全ての指を欠くもの
5　両上肢の全ての指の機能に著しい障害を有するもの
6　両下肢の機能に著しい障害を有するもの
7　両下肢を足関節以上で欠くもの
8　体幹の機能に座っていることができない程度又は立ち上がることができない程度の障害を有するもの
9　前各号に掲げるもののほか、身体の機能の障害又は長期にわたる安静を必要とする病状が前各号と同程度以上と認められる状態であって、日常生活の用を弁ずることを不能ならしめる程度のもの
10　精神の障害であって、前各号と同程度以上と認められる程度のもの
11　身体の機能の障害若しくは病状又は精神の障害が重複する場合であって、その状態が前各号と同程度以上と認められる程度のもの

2級

1　次に掲げる視覚障害
a　両眼の視力がそれぞれ0.07以下のもの
b　一眼の視力が0.08、他眼の視力が手動弁以下のもの
c　ゴールドマン型視野計による測定の結果、両眼のI／4視標による周辺視野角度の和がそれぞれ80度以下かつ1／2視標による両眼中心視野角度が56度以下のもの
d　自動視野計による測定の結果、両眼開放視認点数が70点以下かつ両眼中心視野視認点数が40点以下のもの
2　両耳の聴力レベルが90デシベル以上のもの
3　平衡機能に著しい障害を有するもの
4　そしやくの機能を欠くもの
5　音声又は言語機能に著しい障害を有するもの
6　両上肢のおや指及びひとさし指又は中指を欠くもの
7　両上肢のおや指及びひとさし指又は中指の機能に著しい障害を有するもの
8　一上肢の機能に著しい障害を有するもの
9　一上肢の全ての指を欠くもの
10　一上肢の全ての指の機能に著しい障害を有するもの
11　両下肢の全ての指を欠くもの
12　一下肢の機能に著しい障害を有するもの
13　一下肢を足関節以上で欠くもの
14　体幹の機能に歩くことができない程度の障害を有するもの
15　前各号に掲げるもののほか、身体の機能の障害又は長期にわたる安静を必要とする病状が前各号と同程度以上と認められる状態であって、日常生活が著しい制限を受けるか、又は日常生活に著しい制限を加えることを必要とする程度のもの
16　精神の障害であって、前各号と同程度以上と認められる程度のもの
17　身体の機能の障害若しくは病状又は精神の障害が重複する場合であって、その状態が前各号と同程度以上と認められる程度のもの

■手続きの流れ

市区町村の窓口に申請
・申請窓口は福祉課や子育て支援課など、自治体によって異なる

必要書類を窓口に提出
・「特別児童扶養手当認定請求書」を用意
・その他に、申請者と子どもの戸籍謄本、子どもの障害の程度についての診断書、身体障害者手帳または愛の手帳（所有している人）などが必要
・必要書類は自治体により異なるので、要確認

審査通過後、支給開始
・申請の翌月分から支給開始
・審査結果が出るまで通常2〜3カ月程度

継続するためには支給開始後も各種届け出が必要
・定期的、または必要に応じて現況届などを市区町村に提出
・現況届の提出時期は毎年8月12日から9月11日の間（自治体により若干異なる可能性あり）
・現況届を未提出のまま2年間経過すると受給資格を失い、手当が受けられなくなる
・その他に障害状況届なども定期的に提出する必要があるため、必要書類や時期は自治体HPなどで要確認

21 障害児福祉手当

障害児福祉手当は、精神または身体に重度の障害があり、日常生活において常に介護を必要とする在宅の20歳未満の子どもに対して支給される手当で、国の制度です。条件が合えば特別児童扶養手当と一緒に支給を受けることができます。

【全国で利用可】

どんな制度？

得するお金	**月額1万5690円**（2024年）
利用できる人	精神または身体に重度の障害がある19歳まで（20歳未満）の人
申請先	居住する市区町村
いつもらえる?	2・5・8・11月に前月分までが支給される

■重度の障害がある子どもに対して支給

　障害児福祉手当は、精神または身体に重度の障害があり、日常生活において常に介護を必要とする在宅の20歳未満の子どもに支給されます。

　在宅が条件となっており、施設等に入所している場合は受給できません。また、当該障害を支給理由とする年金（障害年金）を受給している場合も受給できません。

　支給金額は、月額1万5690円で、3カ月ごとに年4回支給されます。障害児福祉手当にも所得制限があり、受給者と配偶者、または扶養義務者の前年の所得が一定額以上ある場合は支給されません。

　条件が合えば特別児童扶養手当と併給ができます。

◎障害児福祉手当の所得制限限度額 厚生労働省HPより

扶養親族等の数	受給資格者本人		受給資格者の配偶者及び扶養義務者	
	所得税額	参考：収入額の目安	所得税額	参考：収入額の目安
0	360万4000円	518万円	628万7000円	831万9000円
1	398万4000円	565万6000円	653万6000円	858万6000円
2	436万4000円	613万2000円	674万9000円	879万9000円
3	474万4000円	660万4000円	696万2000円	901万2000円
4	512万4000円	702万7000円	717万5000円	922万5000円
5	550万4000円	744万9000円	738万8000円	943万8000円

■得するお金シミュレーション

　障害児福祉手当は、年に4回、5月（2月〜4月分）、8月（5〜7月分）、11月（8〜10月分）、2月（11〜1月）に3カ月分まとめて支払われます。

> 例①：両目の視力がそれぞれ0.02以下の障害を持っている子どもの場合
> ▶特別児童扶養手当の障害等級1級に該当：月額5万5350円支給
> ▶障害児福祉手当の障害認定基準にも該当：月額1万5690円支給
> ▶合計月額支給額：7万1040円

■障害児福祉手当の障害程度認定基準

　特別児童扶養手当の障害の認定基準が「中度または重度の障害」なのに対し、障害児福祉手当の障害の認定基準は「重度の障害」が対象です。

◎障害程度の目安

障害児童福祉手当：「重度の障害」が認定基準の対象

- ・身体障害者手帳：1、2級
- ・特別児童扶養手当：1級
- ・最重度の知的障害（IQがおおむね20以下）
- ・重度の知的障害（IQがおおむね35以下）と、その他に重度の身体障害（身体障害者手帳1、2級）がある場合等

◎障害児福祉手当の障害認定基準

以下に示す障害の状態にあり、かつ、常時の介護を必要とする場合

1　両眼の視力がそれぞれ0.02以下のもの
2　両耳の聴力が補聴器を用いても音声を識別することができない程度のもの
3　両上肢の機能に著しい障害を有するもの
4　両上肢のすべての指を欠くもの
5　両下肢の用を全く廃したもの
6　両大腿を2分の1以上失ったもの
7　体幹の機能障害により座っていることができないもの
8　前各号に掲げるもののほか、身体の機能の障害又は長期にわたる安静を必要とする病状が前各号と同程度以上と認められる状態であって、日常生活の用を弁ずることを不能ならしめる程度のもの
9　精神の障害であって前各号程度以上と認められるもの
10　身体の機能の障害若しくは病状又は精神の障害が重複するものであって、その状態が前各号と同程度以上と認められる程度のもの

手続きの流れ

市区町村の窓口もしくは福祉事務所に申請

必要書類を窓口に提出

- 「障害児福祉手当認定請求書」を用意
- その他に、指定の診断書、本人名義の口座がわかるもの、身体障害者手帳または愛の手帳（所有している人）などが必要
- 必要書類は自治体により異なるので要確認

審査通過後、支給開始

- 申請の翌月分から支給開始
- 審査結果が出るまで通常2～3カ月程度

継続するためには支給後も現況届の提出が必要

- 現況届は毎年8月頃に送付される
- 提出時期は自治体によって多少異なるが、8月中に設定している自治体が多い
- 現況届を未提出の場合、受給資格を失い、手当が受けられなくなる

22 扶養控除

扶養控除は、16歳以上の配偶者以外の子どもや親などを養っている場合に受けられる所得控除の一種で、税金の負担を軽くすることができます。控除される金額は扶養親族によって異なります。

【全国で利用可】

どんな制度？

得するお金	**住民税とあわせて10万8000円** （特定扶養親族を養っている場合で、納税者の所得税が10％の場合）
利用できる人	**一定条件を満たした16歳以上の配偶者以外の子どもや親などを養っている納税者**
申請先	**会社員・公務員の場合、勤務先（年末調整）**
いつもらえる?	**年末調整により所得税が少なくなる**

■16歳〜22歳の子どもがいると税金が安くなる

　扶養控除とは、所得控除の一種で控除対象の扶養親族がいる場合、課税所得から一定額を差し引くことができる制度です。16歳以上の子どもや親、祖父母などを養っているときに利用できます。

　扶養控除の金額は、養っている人や同居・別居かにより異なります。今回は、子どもの扶養控除にフォーカスすると、**その年の12月31日現在で16歳以上23歳未満の扶養親族がいる場合**に利用できます。これまで納税者と生計が同一で（別居していても可）、所得金額（収入から控除等を引いた金額）が48万円以下（給与収入の場合、年収103万円以下）であることが条件でしたが、2025年（令和7）の税制改正により2025年からは、所得金額が58万円以下（給与収入の場合、年収123万円以下）

であることに変更になります。この条件を満たす 16 歳以上の子どもがいる家庭は、38 万円の扶養控除を受けることができます。

　さらに、もっともお金がかかる大学生に相当する年齢（その年の 12 月 31 日現在で 19 歳以上 23 歳未満）の子どもがいる家庭は控除額が上乗せされ、「特定扶養親族」として 63 万円の**特定扶養控除**が受けられます。

　ただし、大学生に相当する年齢の子どもがいる親が 63 万円の特定扶養控除を受けるためには、子どものアルバイトなどの給与収入が 103 万円以下でなければなりませんでした。今回の改正で子どもの給与収入が 103 万円を超えても親は子どもの給与収入額に応じて段階的に控除を受けられるようになっています。これを**特定親族特別控除（仮称）**と言い、改正後は、子どもの年収が 150 万円に達するまでは改正前の特定扶養親族の控除額と同等の 63 万円の控除を受けられるようになっています。

◎扶養控除の金額

区分		控除額
一般の扶養親族（一般の扶養控除）：16 歳以上		38 万円
特定扶養親族（特定扶養控除）：19 歳以上 23 歳未満		63 万円
老人扶養親族：70 歳以上	同居老親等以外の者	48 万円
	同居老親	58 万円

適用年齢はその年の 12 月 31 日時点の年齢。16 歳未満の親族は控除なし

◎特定親族特別控除のイメージ

	親族等の合計所得金額	控除額	
		改正前	改正後
特定扶養控除（特定扶養親族）	48 万円以下	63 万円	63 万円
	48 万円超 58 万円以下		
特定親族特別控除（仮称）	58 万円超 85 万円以下	0 円	63 万円
	85 万円超 90 万円以下		61 万円
	90 万円超 95 万円以下		51 万円
	95 万円超 100 万円以下		41 万円
	100 万円超 105 万円以下		31 万円
	105 万円超 110 万円以下		21 万円
	110 万円超 115 万円以下		11 万円
	115 万円超 120 万円以下		6 万円
	120 万円超 123 万円以下		3 万円

■ 得するお金シミュレーション

> 例：20歳の子どもを扶養していて、納税者の所得税の適用税率が10％だった場合
>
> ▶ 19歳以上23歳未満＝特定扶養親族＝特定扶養控除63万円が適用
> ▶ 所得税の税率：10％
> ▶ 節税になる所得税＝63万円×10％＝6万3000円
>
> ---
>
> 参考：住民税とあわせた場合の得するお金
> ▶ 住民税の特定扶養控除：45万円
> ▶ 住民税の税率：一律10％
> ▶ 節税になる住民税：45万円×10％＝4万5000円
> ▶ 所得税＋住民税の節税金額＝10万8000円

■ 税金を減らすポイントは「所得控除」にあり

　所得控除が適用になると、節税になるというお話をしましたが、そもそも所得控除が適用になるとなぜ、節税につながるのでしょう？ それは、私たちが支払う所得税の計算の流れを把握すると理解できます。

　所得控除とは、所得税額を計算するときに本人や家族の状況、災害や病気といった個別の事情を税額に反映させる制度です。所得控除は扶養控除、配偶者控除など15種類あります。

　次ページ図に従って、所得税の計算の流れを会社員の例で説明します。

　まず、毎年の給与収入（税込）から会社員の必要経費にあたる「給与所得控除」を差し引き「給与所得」を算出します。その後、「給与所得」から個人の事情を税金に反映させる「所得控除」を差し引き「課税所得」を算出します。その後、課税所得の金額に応じた所定の税率をかけて所得税、住民税を算出します。また、計算された所得税や住民税を直接減

らす「税額控除」もあります。

　所得税、住民税は「課税所得×税率」で算出されるので、所得控除の金額が大きければ、課税所得を減らすことができ節税できるわけです。

◎扶養控除の金額給与所得者の所得税算定ステップ

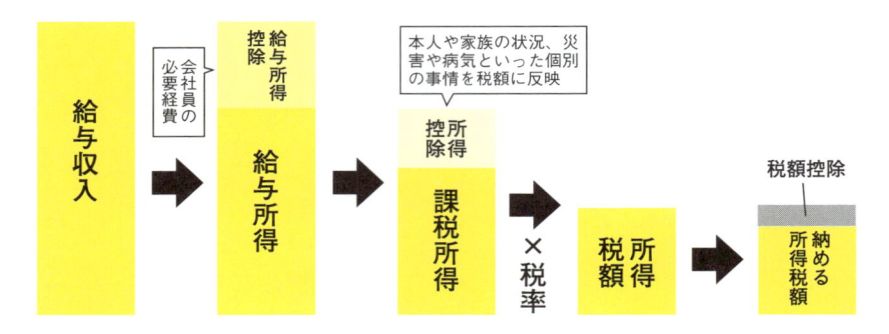

■ 手続きの流れ

会社員・公務員は勤務先の年末調整で申告して手続き
・年末調整は会社員の税金を清算する制度

勤務先に申告書を提出
・勤務先から配布される給与所得者の「扶養控除等申告書」に扶養する親族の氏名や生年月日、その他の必要事項を正確に記入して提出

扶養控除が適用される

手続きを忘れても確定申告をすれば還付される
・年末調整で手続きを忘れた場合でも、確定申告をすれば還付される。5年以内に還付申告を行うことで、納めすぎになっている税金が還付される

23 住宅ローン控除

住宅ローン控除は、一定の条件を満たしたマイホームを購入・リフォームするために住宅ローンを借りると、最大13年間減税される制度です。2025年は、子育て世帯や若年夫婦世帯は優遇されます。

【全国で利用可】

どんな制度？

得するお金
最大455万円
（年末住宅ローン残高の0.7％が13年間、所得税から控除）

利用できる人 一定の条件を満たしたマイホームを購入・リフォームするために住宅ローンを借りた人

申請先 会社員・公務員：初年度は居住する自治体の所轄税務署（確定申告）

いつもらえる？ 2月16日〜3月15日の確定申告により減免

確定申告により所得税が還付される

　住宅ローン控除は、一定の条件を満たしたマイホームを購入・リフォームするために住宅ローンを借りると、**最大13年間、年末のローン残高の0.7％が所得税や住民税から差し引かれる**制度です。主な要件は、以下のとおり。

・自ら居住するための住宅
・床面積が50㎡以上（2025年末までに新築の建築確認を受けた新築住宅を取得する場合、合計所得金額1000万円以下の方に限り、床面積要件が40㎡以上）
・合計所得金額が2000万円以下の方

・住宅ローンの借入期間が10年以上
・引き渡しまたは工事完了から6カ月以内に入居
・1982年以降に新築または現行の耐震基準に適合

　2024年1月以降に建築確認を受けた新築住宅で住宅ローン控除を受けるためには、**省エネ基準の適合**が要件になっています。新築の省エネ基準に適合しない「一般住宅（その他の住宅）」では、2023年までに建築確認を受けていない場合には住宅ローン控除を使えません。

　借入限度額は、省エネ性能に応じて金額が変わります。また、新築住宅か中古住宅かどうかでも借入限度額が変わります。

　控除期間は、新築住宅で13年間、中古住宅で10年間になっています。「19歳未満の子どものいる世帯」または「夫婦のどちらかが40歳未満の世帯」では、**2025年12月31日までの入居**であれば昨年と同様の住宅ローン控除が適用され、借入限度額が縮小されません。

◎住宅ローン控除の概要 (正式名称は住宅借入金等特別控除)

所得税額から「年末の住宅ローン残高×0.7％」相当額を控除できる

事例 年末の住宅ローン残高＝2000万円の年の住宅ローン控除の額
2000万円 × 0.7％＝14万円

確定申告や年末調整により、所得税が還付される
（住民税が還付される場合もあり）

◎住宅ローン控除の借入限度額

		住宅の環境性能等	2022年 2023年	2024年	2024年 特例対象	2025年	2025年 特例対象
控除対象借入限度額	新築・買取再販	認定住宅	5000万円	4500万円	5000万円	4500万円	5000万円
		ZEH水準省エネ住宅	4500万円	3500万円	4500万円	3500万円	4500万円
		省エネ基準適合住宅	4000万円	3000万円	4000万円	3000万円	4000万円
		一般住宅	3000万円	0円※			
	中古	認定・ZEH水準省エネ住宅 省エネ基準適合住宅	3000万円				
		一般住宅	2000万円				
		控除率	0.7%				
期間 控除		新築・買取再販	13年間（一般住宅は2024年以降の入居の場合10年）				
		中古	10年間				
所得要件 (適用対象者の適用を受ける年分)			合計所得金額が2000万円以下				
床面積要件			50㎡以上　合計所得金額が1000万円以下の場合40㎡以上				

※2023年末までに建築確認を受けた住宅は2000万円

■得するお金シミュレーション

> 例：16歳の子どもがいる世帯で、2025年に長期優良住宅を購入。年末の住宅ローン残高が5000万円だった場合
>
> ▶戻ってくる所得税：5000万円×0.7＝35万円

　例えば、納めている所得税が30万円であれば、30万円全額が還付され、納めている所得税が40万円であれば、そのうちの35万円が還付されます。納税額以上に控除されないことに注意しましょう。

　ただし、所得税から控除されなかった分も、**条件によっては住民税から控除ができます**。住民税から控除できる金額は、課税所得金額の5％（上限9万7500円）。たとえば、納めている所得税が40万円で、控除額35万円の場合、控除額に満たなかった5万円（40万円－35万円）が、

住民税から還付されます。

　ちなみに、住宅ローン控除は所得税や住民税が直接安くなる「税額控除」なので、税額を大きく減らすことができます。

■ 手続きの流れ

制度を利用して入居した後、必要書類を用意

必要書類と入手先一例

・確定申告書：国税庁HP、税務署 など
・（特定増改築等）住宅借入金等特別控除額の計算明細書：国税庁HP、税務署 など
・住宅ローンの借入残高証明書：金融機関
・勤務先の源泉徴収票：勤務先
・土地建物の登記簿謄本：法務局窓口またはオンライン申請システム
・マイナンバーカード（本人確認書類）：市町村役場
・住宅性能を示す書類：不動産会社・工務店

入居した翌年に必要書類をそろえて税務署で確定申告

・入居翌年の2月16日〜3月15日にかけて申告
・会社員・公務員も確定申告をする必要あり

2年目以降の手続きは会社の年末調整でできる

・会社員や公務員の場合、翌年は会社の年末調整で手続きできるため、確定申告をする必要はない。ただし、確定申告の必要はないが、会社での手続きは必要なので忘れないように
・フリーランスや個人事業主など源泉徴収制度の対象とならない人は、1年目と同様に確定申告が必要
・手続きを忘れた場合でも、還付申請が可能（期限あり）

24 住まい助成金（自治体により制度名は異なる）

家賃助成や住み替え助成は、良質な住環境の提供や子育て支援を目的に、主に子育て世帯、新婚世帯などを対象に家賃や住み替えの費用などの助成する制度です。ただし、全ての自治体に助成制度があるわけではありません。

【一部の自治体で利用可】

どんな制度？

得するお金	**180万円**	（新宿区子育てファミリー世帯向け家賃助成を利用して月額最大3万円、最長5年間助成を受けた場合）
利用できる人	一定の条件を満たした子育て世帯、若年夫婦世帯など	
申請先	居住地や住み替え先の市区町村	
いつもらえる？	自治体に要確認	

■自治体が実施する家賃助成制度

　家賃助成や住み替え助成制度は、子育て世帯や若年夫婦世帯などに対して、定住化促進を目的に提供されている制度です。**民間賃貸住宅に住む家賃の一部を自治体が負担します**（高齢者や低所得の方を対象にしているものもあります）。

　もっとも、この制度はすべての自治体が行っているわけではありません。転入だけでなく、エリア内の移動を対象とする自治体もあり、**自治体により助成の内容はさまざま**です。申請者すべてが対象となるわけではなく、先着順になることもあります。さらに、ほとんどの自治体で制度を受けられる方の所得基準が設けられており、家賃の助成期間も予め決められています。必ず自治体HPなどで詳細を確認しましょう。

■得するお金シミュレーション

　今回は、東京23区の制度で、子育て世帯が利用できる制度をご紹介します。以下は、新宿区による助成制度です。

　例：新宿区が行っている子育てファミリー世帯向けの家賃助成を利用する場合

▶助成額：月額3万円

▶助成期間：最長5年間

▶5年間助成を受けた場合の助成額：3万円×12カ月×5年＝180万円

◎新宿区子育てファミリー世帯向け家賃助成の概要

区分	子育てファミリー世帯向け
居住要件	・基準日（10月1日）の前日までに新宿区内の民間賃貸住宅※に居住し、住民登録の届出を済ませている世帯（住民票及び賃貸借契約書で、その事実が確認できることが必要） ※公営・公社・UR賃貸住宅（都市再生機構住宅）等の公的住宅や社宅等の給与住宅、1年未満の短期間契約の住宅並びに家主（所有者）が2親等以内の親族の住宅を除く ・原則として、居住している住宅の借主が、申込者又は配偶者
世帯要件	基準日時点で、申込者本人が義務教育修了前の子ども※を税法上扶養し同居している ※胎児（出産予定）は含まない
家賃要件	月額家賃が22万円以下。月額家賃には、管理費・共益費は含まない
所得要件	世帯全員の前年中の総所得合計が、520万円以下
その他	・家賃を滞納していない ・生活保護、中国残留邦人等への支援給付及び住居確保給付金の給付を受けていない ・外国籍の方は、在留資格が「永住者」「特別永住者」等であること。在留資格が「永住者の配偶者等」「日本人の配偶者等」「定住者」の場合は、日本国に定住する見込みであること ・現在及び過去に、受給者またはその配偶者として当区の民間賃貸住宅家賃助成を受給していない ・申込年度に新宿区多世代近居同居助成制度及び新宿区次世代育成転居助成制度による「予定登録申請中」「助成若しくは予定登録決定（申込年度の10月1日以前に有効期間が満了しているものを除く）」をしていない ・住民税の滞納がない ・独立して日常生活を営める※ ※経済的に自立していることを含む。別居の親族等が申込世帯を扶養していたり、家賃等を負担している場合は対象とならない など

東京23区内でも住まいの助成が手厚い千代田区の例もご紹介します。

◎千代田区の次世代育成住宅助成

対象世帯	親元近居助成（次のいずれにも該当）	1.区内に引き続き5年以上居住する親がいる新婚世帯（婚姻届出日から2年以内の夫婦または受理日から2年以内のパートナーシップ関係の方のみで構成される世帯）、または子育て世帯（18歳に達する日以後の最初の3月31日までの間にある子が属する世帯） 2.区外から区内への住み替えまたは区内での住み替えをする
	区内転居助成	区内に引き続き1年以上居住している子育て世帯で区内での住み替えをする
要件	所得制限	世帯の年間所得の合計が以下の範囲内 2人世帯:189万6000円〜1038万8000円 3人世帯:189万6000円〜1076万8000円 4人世帯:189万6000円〜1114万8000円 ※世帯人数が1人増すごとに38万円を上限に加算
	住居の専有面積要件	1.原則:住み替え先の住戸の専有面積が、住み替え前のものよりも広くなること 　例外:次のいずれかの場合、面積が広くなる必要はないが、2.の住戸の占有面積の基準は満たす必要あり 　・区内の賃貸住宅から区内のマイホームに住み替える 　・区内の社宅から区内の賃貸住宅またはマイホームに住み替える（社宅を除く） 　・区内の親と同居している住戸から独立して、区内の住戸に住み替える（親との同居は不可） 　・区外から区内の住戸に住み替える（親元近居のみ） 2.住み替え先の住戸の専有面積が、次の基準を満たすこと（賃貸・マイホーム・社宅共通） 　2人世帯:30.0平方メートル以上 　3人世帯:40.0平方メートル以上 　4人以上世帯:50.0平方メートル以上
助成内容	家賃助成	詳細は下図（マイホームの住宅ローンも対象）
	転居費用助成	本制度を受けるための初回の転居費用分として一律10万円（初回転居時のみ）
助成期間		本申請月の翌月〜最長8年間または末子が18歳に達する年度

◎家賃助成額（月額）

世帯人数（親元近居）	世帯人数（区内転居）	1年目	2年目	3年目	4年目	5年目	6年目	7年目	8年目
6人〜	8人	8万円	7.2万円	6.4万円	5.6万円	4.8万円	4万円	3.2万円	2.4万円
5人	7人	7万円	6.3万円	5.6万円	4.9万円	4.2万円	3.5万円	2.8万円	2.1万円
4人	6人	6万円	5.4万円	4.8万円	4.2万円	3.6万円	3万円	2.4万円	1.8万円
3人	5人	5万円	4.5万円	4万円	3.5万円	3万円	2.5万円	2万円	1.5万円
2人	4人	4万円	3.6万円	3.2万円	2.8万円	2.4万円	2万円	1.6万円	1.2万円
—	3人	3万円	2.7万円	2.4万円	2.1万円	1.8万円	1.5万円	1.2万円	9000円
—	2人	2万円	1.8万円	1.6万円	1.4万円	1.2万円	1万円	8000円	6000円

■東京23区以外の自治体も実施する手厚い助成

　東京 23 区の他にも、手厚い助成をしている自治体はあります。たとえば、滋賀県東近江市では、「東近江市住まいる事業補助金」として「市民子育て住宅取得事業」「U ターン者住宅取得事業」「市民結婚新生活支援事業」の 3 つがあります。「市民子育て住宅取得事業」では、市内に住民票があり、40 歳未満の方で中学校終了前の子どもがいる世帯が市内の住宅販売者等と契約して住宅を取得する場合に、住宅費用の 5 分の 1、最大 20 万円が補助されます。補助金は、地域商品券で交付されます。

　また、山梨県南アルプス市では、「若者世帯定住支援奨励金事業」として、夫婦のそれぞれの年齢が 39 歳以下の若者世帯で、自ら居住することを目的として住宅と土地の両方を購入した場合は奨励金 20 万円、子どもが 1 人〜 2 人いる場合は 30 万円支給、3 人以上いる場合は、50 万円支給されます。

　住居費用は家計に占める割合が大きいので、居住している自治体や住み替え先の自治体に住宅関連の助成がないかどうかきちんと調べるようにしましょう。

■手続きの流れ

　居住地や住み替え先の自治体の窓口で手続きをします。各自治体により手続き方法は異なりますので、詳細は確認するようにしましょう。

25 住宅リフォーム減税

住宅リフォーム減税とは、中古住宅の特定のリフォームの際に受けられる所得税の減税制度ですが、2024年度（令和6）の税制改正で、子育て世帯が子育てに対応した住宅リフォームを行う場合に、税負担が軽減される特例措置が設けられました。

【全国で利用可】

どんな制度？

得するお金 **最大25万円**

利用できる人 一定条件を満たした子育て世帯、若者夫婦世帯など

申請先 居住地の所轄税務署（確定申告）

いつもらえる? 2月16日〜3月15日の確定申告により減免

■リフォームをした子育て世帯の所得税を控除

住宅リフォーム減税とは、中古住宅の特定のリフォームをする際に受けられる所得税の減税制度です。自己資金によるリフォームを行う場合や10年未満のローンを組む場合などで利用できます。

これまで減税の対象となるリフォーム工事は、耐震、バリアフリー、省エネ、三世代同居、長期優良住宅化でしたが、令和6年度の税制改正では、これらに加えて、居住環境をめぐる子育て支援として**子育て世帯を対象にした新たな特例**が設けられました。

子育て世帯が子育てに対応した住宅リフォームを行う場合、**標準的な工事費用相当額の10%等が所得税から控除**されます。工事の限度額は250万円で、所得税の控除額は最大25万円です。

子育て世帯向けのリフォームで控除対象になるのは、「19 歳未満の子どもがいる世帯」、または「夫婦のいずれかが 40 歳未満の世帯」です。

2025 年度（令和 7）の税制改正で適用期限が 1 年延長になり、**適用期限は、2025 年 12 月 31 日までとなっています。**

◎住宅リフォーム減税の対象工事と控除額

対象工事		対象工事限度額	最大控除額
耐震		250万円	25万円
バリアフリー		200万円	20万円
省エネ		250万円（350万円）	25万円（35万円）
三世代住居		250万円	25万円
長期優良住宅化	耐震＋省エネ＋耐久性	500万円（600万円）	50万円（60万円）
	耐震or省エネ＋耐久性	250万円（350万円）	25万円（35万円）
子育て【拡充】		250万円	25万円

（　）内の金額は太陽光発電設備を設置する場合

■得するお金シミュレーション

例：キッチンを対面式のものに取り替える工事をした場合

標準的な工事費用相当の合計額（※実際にかかったリフォーム費用ではない）が147万7200円

▶ **所得税の減税額：工事費用相当額147万7200円×10％＝約14万7000円**

なお、子育て向けリフォームの対象となる工事は、次のようなものが

挙げられます。

①住宅内における子どもの事故を防止するための工事
②対面式キッチンへの交換工事
③開口部の防犯性を高める工事
④収納設備を増設する工事
⑤開口部・界壁・界床の防音性を高める工事（界壁・界床の工事はマンションのみ）
⑥間取り変更工事（一定のものに限る）

小さな子どもと一緒に暮らす空間の安全性や利便性を高める工事が挙げられていることが見てとれるでしょう。

■省エネ住宅はリフォーム以外も支援が手厚い

住宅に関係する支援として近年手厚い傾向にあるのが、省エネ分野です。

たとえば省エネ性能の高い新築住宅を取得した場合、ZEH（ゼッチ）化支援事業、子育てエコホーム支援事業、各自治体による補助金などがあります。ZEH とは、net Zero Energy House（ネット・ゼロ・エネルギー・ハウス）の略語です。断熱や省エネ、太陽光発電により、消費するよりも多くのエネルギーを創出してエネルギー収支ゼロを目指す住宅です。

既存住宅を購入する場合も、ZEH 導入のためのリノベーションに補助が用意されています（ZEH 化等支援事業）。2025 年度の詳細は、国土交通省やお住まいの自治体の HP をチェックしてみてください。

減税や補助金をうまく活用しながら、住宅の資産価値を高めていきましょう。

■手続きの流れ

工事後、必要書類を用意

必要書類と入手先一例

- 確定申告書：国税庁HP、税務署など
- 工事完了後の家屋の登記事項証明書：法務局窓口またはオンライン申請システム
- 勤務先の源泉徴収票：勤務先
- リフォームローンの年末残高証明書：金融機関
- 工事請負契約書の写し等：リフォーム会社
- 増改築等工事証明書：建築士など

工事翌年に必要書類をそろえて税務署で確定申告

- リフォーム工事の完了日、あるいは工事請負契約書に記された日付を基準日として、工事翌年の2月16日〜3月15日の期間内に申告
- 会社員や公務員でも確定申告をする必要がある

2年目以降の手続きは会社の年末調整でできる

- 会社員や公務員の場合、翌年は会社の年末調整で手続きできるため、確定申告をする必要はない。ただし、確定申告の必要はないが、会社での手続きは必要なので忘れないように
- フリーランスや個人事業主など源泉徴収制度の対象とならない人は、1年目と同様に確定申告が必要
- 手続きを忘れた場合でも、還付申請が可能（期限あり）

26 住宅取得等資金の贈与の特例

住宅取得資金の等贈与の特例とは、父母や祖父母（直系尊属）などから18歳以上の子や孫が住宅の新築や購入、増改築の資金を贈与してもらった場合、一定額まで贈与税が非課税となる特例です。

【全国で利用可】

どんな制度？

得するお金 最大1000万円が非課税
（贈与税の基礎控除と併用した場合、1110万円）

利用できる人 18歳以上の子や孫

申請先 居住地の所轄税務署

いつ得する? 住宅取得時

■住宅取得のための贈与税が非課税に

　住宅取得等資金の贈与の特例とは、父母や祖父母などから18歳以上の子や孫が住宅の新築や購入、増改築の資金を贈与してもらった場合、一定額まで非課税で受け取れる贈与税の特例です。この特例は、**2026年12月31日までに贈与を受けた場合**に適用できます。夫婦それぞれの父母、祖父母から贈与を受けて利用することも可能です。ただし、自身の父母、祖父母から贈与を受ける必要があります。

　非課税となる金額は、**省エネ住宅等で1000万円まで、一般の住宅で500万円まで**となっています。また、住宅取得資金の贈与税の特例は、贈与税の基礎控除110万円または、相続時精算課税制度と併用することができます。

この特例には、「人」「贈与の内容」「対象となる住宅」などについて細かな適用要件が定められています。適用要件については、次のページでまとめています。

◎住宅取得等資金の贈与が非課税となる金額

省エネ等住宅	1000万円まで
一般の住宅	500万円まで

※省エネ等住宅とは、省エネ等基準（断熱等性能、一次エネルギー消費量、耐震、免震、高齢者等配慮対策等）に適合する住宅用家屋のこと

■得するお金シミュレーション

> 例：省エネ等基準の住宅を購入する場合で、夫は自分の父から、妻は、自分の母からそれぞれ1000万円を贈与してもらい、贈与税の基礎控除と併用
> ▶ 夫の贈与税の非課税額：父から贈与1000万円＋贈与税の基礎控除110万円＝1110万円
> ▶ 妻の贈与税の非課税額：母から贈与1000万円＋贈与税の基礎控除110万円＝1110万円
> ▶ 夫婦の贈与税の非課税額＝2220万円

　通常の贈与では、贈与者が贈与後7年以内（2024年1月以降の贈与から3年以内から7年以内に変更）に死亡すると、その贈与財産は、死亡した贈与者の相続財産に含めて相続税の課税対象となります。一方、住宅取得資金の贈与税の特例で非課税の適用を受けた場合には、**非課税となった贈与資金を相続財産に含める必要はありません。**

■住宅取得等資金の贈与の特例の適用要件

　この特例には、細かな適用要件が定められていますので、以下に押さえておきたいポイントをまとめています。詳細は、国税庁の HP などで確認しましょう。

◎贈与者
・父母、祖父母など（直系尊属）、年齢制限はなし

◎受贈者
・贈与を受けた年の1月1日現在で18歳以上であること
・贈与を受けた年の合計所得金額が2000万円以下であること。ただし、対象となる家屋の床面積が40㎡以上50㎡未満の場合は、合計所得金額は1000万円以下。
・贈与を受けた年の翌年3月15日までに住宅取得等資金の全額を充てて住宅の取得、新築、増改築をすること。
・取得、新築、増改築した家屋に贈与を受けた年の翌年３月15日までに入居すること。

◎非課税の対象になる住宅の要件
・日本国内にある住宅用の家屋であること
・登記簿上の床面積（マンションは専有面積）が40㎡以上240㎡以下であること。
・床面積の半分以上を居住用として使用すること

◎中古住宅の場合の要件
・1982年1月1日以後に建築されたもの（築年数の要件は廃止に）
・地震に対する安全性を満たすことが耐震基準適合証明書等により証明されたもの

■手続きの流れ

贈与税の申告書を所轄税務署に提出

- 適用を受けて贈与税の納付額が0円となる場合でも提出する必要がある
- 申請時に、戸籍の謄本、新築・取得時の契約書などの写し、源泉徴収票などの書類を添付
- 申告期間は贈与を受けた年の翌年2月1日から3月15日まで

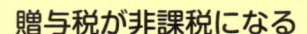

贈与税が非課税になる

- 贈与された年の翌年3月15日までに贈与税を支払う必要がなくなる

申請が遅れないように注意

- 申請が1日でも遅れてしまうと非課税の適用が受けられなくなる
- 提出書類の間違いなどで申請がスムーズにいかない可能性もあるので、国税庁HPなどで詳細を確認しつつ、早めに申請するのがおすすめ

第4章

保育・教育用途で使える制度

27 幼児教育・保育の無償化

「幼児教育・保育の無償化」は、子育てや教育にかかる費用負担の軽減を図るため、2019年10月1日から始まりました。基本的に3歳児クラスから5歳児クラスの全ての子どもの幼稚園、保育園の利用料が無償になります。

【全国で利用可】

どんな制度？

得するお金 利用料が無料（対象の幼稚園、保育所、認定こども園）
※すべての就園費用が無料になるわけではない

利用できる人 すべての3歳〜5歳児クラスの子ども
0〜2歳児クラス（住民税非課税世帯）

申請先 申請不要 ※制度対象外の施設等を利用しているなど
手続きが必要な人は居住する市区町村

■ 3〜5歳児クラスの幼稚園・保育園の利用料無料

　幼児教育・保育の無償化では、**3歳児クラスから5歳児クラスまでのすべての子どもの**「子ども・子育て支援新制度の対象となる幼稚園、認可保育所、認定こども園、地域型保育事業」の利用料が無償となります。

　保護者の所得制限はありません。住民税非課税世帯の場合、0〜2歳の子どもも無償となります。

　ただし、対象外の幼稚園、幼稚園の預かり保育、認可外保育施設等に関しては、完全無料ではありません。3〜5歳児クラスの子どもの利用料は、対象外の幼稚園で月額2万5700円、幼稚園の預かり保育で月額1万1300円、認可外保育施設等で月額3万7000円まで（住民税非課税世帯が対象の0〜2歳児クラスの子どもの利用料は月額4万2000円ま

で）無償となります。これらの場合は市区町村で無償化のための手続きをして、「保育の必要性の認定」を受ける必要があります。

　０〜２歳児クラスの子どもの利用料は、子どもの人数によって負担が異なります。２人以上の子どもがいる世帯の場合、第１子は全額負担、第２子は半額負担（東京都は全額負担）、第３子以降は無償です。

　なお、東京都では０〜２歳についても第１子から無償化する予定です。

◎幼児教育・保育の無償化制度早わかり表

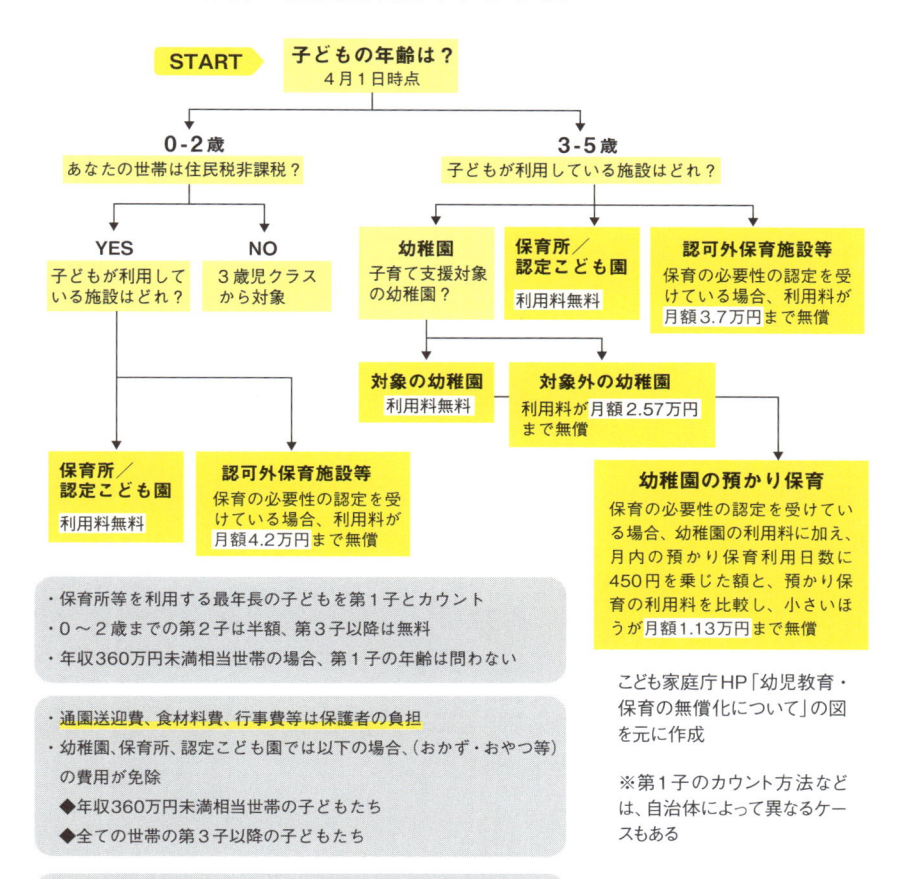

・保育所等を利用する最年長の子どもを第１子とカウント
・０〜２歳までの第２子は半額、第３子以降は無料
・年収360万円未満相当世帯の場合、第１子の年齢は問わない

・通園送迎費、食材料費、行事費等は保護者の負担
・幼稚園、保育所、認定こども園では以下の場合、（おかず・おやつ等）の費用が免除
　◆年収360万円未満相当世帯の子どもたち
　◆全ての世帯の第３子以降の子どもたち

・就学前の障害児の発達支援を利用する子どもたちも、３〜５歳児クラスまで利用料が無償化

こども家庭庁HP「幼児教育・保育の無償化について」の図を元に作成

※第１子のカウント方法などは、自治体によって異なるケースもある

■得するお金シミュレーション

◎幼稚園の1年間の学習費総額（出典：令和3年度の子どもの学習調査）
▶公立幼稚園：16万5126円
▶私立幼稚園：30万8909円

　保育園の料金は、自治体によって定められており、世帯収入により異なります。参考までに2018年小売物価統計調査の数字を紹介します。

◎保育園の料金（東京都区部の年間利用料の平均）
▶2歳児：30万1435円
▶5歳児：17万5278円

■無償化対象外の費用と自治体独自の制度

　基本的に幼稚園・保育園の利用料は無償ですが、利用料には、食材料費（給食費やおやつ等）、延長保育料、日用品費、行事費、制服代、通園交通費などの実費は含まれません。これらは保護者の負担となります。また、ベビーシッターを利用した際の助成は、利用者の雑所得とみなされて確定申告が必要な場合もあるため、注意が必要です。

　ただし、年収360万円未満相当世帯、全世帯の第3子以降は、おかず、おやつ等の副食の費用が免除になっています。

　また、自治体によっては独自で「私立幼稚園等保護者補助金」「園児保護者入園料補助金」などが設けられていますので、お住まいの自治体に確認するようにしましょう。

　例えば、東京都中野区では、「入園料補助金」として、私立幼稚園等へ支払った入園料を子ども1人につき4万5000円補助します。保護者

の年収制限はありません。

■就学前の障害児の発達支援も無償化

「幼児教育・保育の無償化」と同じ時期に、「就学前の障害児の発達支援無償化」も始まりました。これは、障害のある対象年齢の子どもが、「児童発達支援、医療型児童発達支援、居宅訪問型児童発達支援、保育所等訪問支援、福祉型障害児入所施設、医療型障害児入所施設」を無償で利用できる制度です。

　対象は、満3歳になって初めての4月1日から3年間。幼稚園、保育所、認定こども園などとの併用が可能で、すべて無償化の対象となります。施設やサービスを利用するには、障害福祉サービスの受給者証が必要になるため、お住まいの自治体に相談するのがいいでしょう。

■手続きの流れ

　基本的に園と自治体で制度の利用手続きをしているため、幼稚園、保育園の無償化制度を利用するにあって、**特に手続きは必要ありません。**

　ただし、新制度へ移行していない幼稚園を利用している場合には、幼稚園から配布される書類に記入して幼稚園経由で自治体に提出します。

　また、幼稚園の預かり保育、認可外保育施設等の利用に関しては、市区町村に申請、認定の必要があります。

28 就学援助制度

小学校・中学校は義務教育なので、授業料は無料ですが、授業料以外の費用が結構かかります。就学援助制度は、経済的理由により就学困難と認められる小・中学生の保護者に対して授業料以外の費用を支援する制度です。

【全国で利用可】

どんな制度？

得するお金 台東区：**14万9959円**
（保護者が準要保護に該当する中学1年生の例）

利用できる人 経済的な理由で児童に義務教育を受けさせることが困難な保護者

申請先 児童の通学先の学校を通じて申請

いつもらえる? 台東区：**3月中旬・8月末・12月下旬**
（援助内容ごとに振り込み時期が異なる）

■小中学生の保護者に授業料以外の費用を支援

　就学援助制度は、経済的な理由で子どもに義務教育を受けさせることが困難な保護者の方を対象に、学校生活で必要な費用の一部を市区町村が援助する制度です。対象となる学校は、学校教育法第1条に規定する小学校・中学校、義務教育学校などです。

　援助されるのは、以下の費用です。

> 学用品費、修学旅行費、給食費、校外学習費、移動教室費、クラブ活動費、卒業記念アルバム費、新入学学用品費、PTA費、生徒会費、通学費、オンライン学習通信費、医療費など

　就学援助の費目と支援額などは、自治体により異なります。新入学学

用品費等は、入学前に支給を行う自治体もあります。

就学援助制度の対象となるのは、生活保護世帯（要保護）や生活保護は受けていないが、これに準ずると自治体等が認めた世帯（準要保護）が対象です。ただし、所得の基準などは自治体により異なります。

◎認定基準額の目安（東京都北区の例）

世帯構成		世帯全員の年間収入額 （給与収入の方）	世帯全員の総所得金額 （2023.1.1 〜 2023.12.31）
2人	親(33歳) 子(小1)	約457万円	約311万円
3人	親(37歳・32歳) 子(小1)	約499万円	約345万円
4人	親(40歳・34歳) 子(中1・小3)	約592万円	約419万円
5人	親(50歳・45歳) 子(高2・中3・小4)	約642万円	約459万円
6人	親(42歳・35歳) 子(中1・小3) 祖父母 (70歳・65歳)	約689万円	約500万円

■得するお金シミュレーション

台東区の就学援助制度を例に、得するお金を考えてみましょう。援助費目は、次ページの表にまとめています。

例①：就学援助制度の準要保護の対象者で小学1年生の子ども1人の場合

▶学用品費・通学用品費：月額1427円×11カ月分＝1万5697円

▶新入学学用品費：6万4300円

▶通学服及び運動服費：1万5500円

▶校外活動費：400円

▶合計：9万5897円

例②：就学援助制度の準要保護の対象者で中学1年生の子ども1人の場合

▶ 学用品費・通学用品費：月額2769円×11カ月分＝3万459円

▶ 新入学学用品費：8万1000円

▶ 通学服及び運動服費：1万5500円

▶ クラブ活動費：1230円

▶ 林間学校費：2万1070円

▶ 校外活動費：700円

▶ 合計：14万9959円

◎援助対象項目と金額（東京都台東区の例）

準要保護の対象費目

援助費目	対象	金額（円）	支給時期
学用品費 通学用品 費（月額）	(小)1年	1,427	8月末(4～7月分) 12月下旬(9～11月分) 3月中旬(12～3月分)
	(小)2～6年	1,717	
	(中)1年	2,769	
	(中)2・3年	3,129	
新入学 学用品 費	(小)1年	64,300	8月末
	(中)1年	81,000	
通学服 及び運 動服費	(小)1・4年 (中)1年	15,500	8月末
通学交 通費	特別支援学級在籍者または通級者	通常とりうる経路及び方法により発生する交通費	8月末、12月下旬、3月中旬
修学旅行 支度品費	(小)6年	4,300	8月末または12月下旬
	(中)3年	8,500	
クラブ 活動費	(小)4～6年	240	3月中旬
	(中)全学年	1,230	
入学準 備金	(小)6年	96,500	3月中旬
給食費	(小中)全学年	実費	

要保護及び準要保護の対象費目

援助費目	対象	金額（円）	支給時期
移動教室費	(小)5年	(上限)10,260	8月末 12月下旬
	(中)2年	(上限)8,470	
	特別支援学級在籍者	実費	
臨海学園費	(小)4年	(上限)16,580	12月下旬
修学旅行費	(小)6年	(上限)45,350	8月末または12月下旬
	(中)3年	実費	
修学旅行費 班別行動分		2,500	
霧ヶ峰林 間学園費	(中)全学年	(上限)21,070	12月下旬
オリエンテーション費	(中)1年	実費	8月末
校外活動費	(小)全学年	1年 400 2,3年 500 4,5年 700 6年 2,100	8月末
	(中)全学年	1年 700 2年 1,500 3年 3,200	
卒業アル バム費	(小)6年 (中)3年	実費	3月中旬
医療費	(小中)全学年	学校が治療指示をした学校保健安全法施行令に定める疾病の治療費	随時（医療機関へ支払い）

■ 授業料以外の費用はどれくらいかかる？

　小学校・中学校は義務教育なので、国公立学校では授業料は無料です。ただし、授業料以外の教育費が結構かかります。どれくらいかかるのか。

　文部科学省の「子供の学習費調査（令和3年度）」によると、**公立小学校の学校教育費は6万5974円**となっています。内訳は、入学金等158円、修学旅行・遠足・見学費5283円、学校納付金等8113円、図書・学用品・実習材料費等2万4286円、教科外活動費2294円、通学関係費2万460円、その他5380円となっています。

　一方、**公立中学校の学校教育費は13万2349円**です。内訳は、入学金等507円、修学旅行・遠足・見学費1万5824円、学校納付金等1万4538円、図書・学用品・実習材料費等3万2368円、教科外活動費2万4172円、通学関係費3万9516円、その他5424円となっています。

■ 手続きの流れ

学校から配布される就学援助申請書を記入
・申請書の入手方法は自治体によって異なる
・申請は毎年行う必要あり

↓

必要書類を添付して学校に提出
・申請時期は自治体によって異なるため要確認

↓

審査後、援助開始
・認定基準、支給時期は自治体によって異なるため要確認

29 私立中学校等授業料軽減助成金

首都圏を中心に私立中学校を受験する中学受験が過熱していますが、私立中学校の授業料は高額です。東京都では、都内に住む子育て世帯の負担を軽減する目的で私立中学校の授業料を助成する支援制度を実施しています。

【東京都で利用可】

どんな制度？

得するお金 年間10万円　3年間で30万円

利用できる人 東京都内在住で都内、都外の私立中学等に通う児童の保護者等

申請先 児童の通学先の学校を通じて申請

いつもらえる？ 12月末頃

私立中学校への進学率が高い東京都による助成

首都圏の中学受験者数は年々増加しています。特に東京都の受験者数は多く、23区内には、私立中学校への進学率が50%に迫る区もあります。私立中学校の学費は高額で、東京都の調査によると2024年度の都内私立中学校の平均学費は、初年度が入学金を含め100万9362円となっています。公立中学に通う場合と比べて、家計負担は重いと言えます。

そこで、東京都では、私立中学校等授業料軽減助成金として、私立中学校、私立特別支援学校（中学部）、私立義務教育学校（後期課程）、私立中等教育学校（前期課程）の授業料を**年間10万円助成**しています。なお、授業料が全額免除されている場合は、助成は受けられません。

申請できる方は、子どもと保護者が東京都内に住所を有していて、都

内の私立中学及び都外の私立中学等に在学する子どもの保護者の方です。2024年度（令和6）から所得制限が撤廃になりました。

■得するお金シミュレーション

例：子どもと保護者が都内在住で、都内の私立中学に通っている場合
▶ 1年間に10万円が助成される
▶ 3年間合計：30万円が助成される

■私立中学校の学費はどれくらい？

　私立中学校の学費は高額です。実際にどれくらいの学費がかかるのか。
　文部科学省の「子供の学習費調査（令和3年度）」によると、学校教育費は106万1350円、学校給食費は7227円、学校外活動費は36万7776円となり学習費総額は143万6353円となっています。公立中学校に比べると学習費総額の差は約2.7倍です。

　また、私立中学校の授業料などは、学校によっても金額の幅があります。

　例えば都内にある私立の初年度納付金を参考に見てみると、八王子実践の66万8000円から上野学園（国際コース）の211万7800円とかなり差

◎私立中学校における学校教育費の内訳

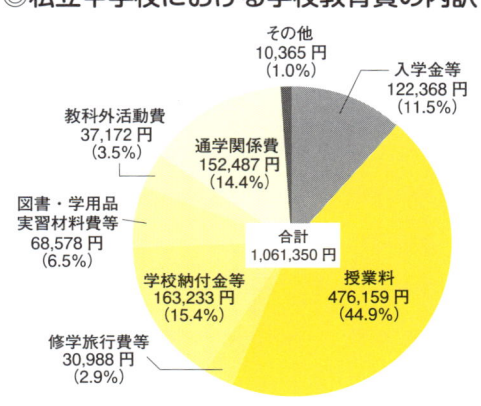

その他 10,365円（1.0%）
入学金等 122,368円（11.5%）
教科外活動費 37,172円（3.5%）
通学関係費 152,487円（14.4%）
図書・学用品実習材料費等 68,578円（6.5%）
合計 1,061,350円
学校納付金等 163,233円（15.4%）
授業料 476,159円（44.9%）
修学旅行費等 30,988円（2.9%）

文部科学省HP「子供の学習費調査（令和3年度）」より

があります。また、授業料も愛国の 30 万円から玉川学園中学部（IB クラス）の 135 万 1000 円と 100 万円以上、授業料に差があります。どの学校に進学するかによって、学費の負担の差は大きいことがわかります。

　進学に必要な金額は学校によっても異なるため、志望校を選ぶ際に学校の HP でかかる費用を早目に確認しておきましょう。

◎都内私立中学校の学費の状況【一部】（2024年度）

		高い学校		低い学校	
	金額	学校名	金額	学校名	
初年度納付金（総額）	2,117,800円	上野学園（国際コース）	668,000円	八王子実践、サレジオ	
	1,922,300円	玉川学園中学部（IBクラス）	715,000円	愛国	
	1,540,000円	ドルトン東京学園中等部	748,000円	開智日本橋学園	
	1,496,000円	成蹊（国際学級）	762,000円	北豊島	
	1,450,000円	慶應義塾中等部	776,700円	東星学園	
授業料	1,351,000円	玉川学園中学部（IBクラス）	300,000円	愛国	
	1,350,000円	上野学園（国際コース）	360,000円	北豊島、日本体育大学桜華、修徳	
	930,000円	ドルトン東京学園中等部	372,000円	八王子実践、帝京、帝京大学	
	900,000円	慶應義塾中等部	384,000円	東京立正	
	857,000円	玉川学園中学部（一般クラス）	387,600円	郁文館（一般クラス）	
入学金	450,000円	頌栄女子学院	80,000円	サレジオ	
	400,000円	ドルトン東京学園中等部	100,000円	開智日本橋学園、桜美林	
	388,000円	広尾学園	150,000円	玉川学園中学部	
	380,000円	女子学院、桜蔭	180,000円	瀧野川女子学園	
	370,000円	武蔵	200,000円	全16校	

■給食費相当額を支給している自治体も

　多くの私立小学校、私立中学校では、学校給食がなく、基本的にはお弁当を持参します。そこで、子育て世帯の経済的負担を軽減するために私立の小学校、中学校や国立の小学校、中学校などに子どもが通っている世帯の保護者に対して、給食費相当額の給付金を支給している自治体もあります。

　例えば、私立の学校への進学率が高い文京区の場合、区立以外の小・中学校等に子どもが通っている世帯の保護者に対して、小学校低学年には月額4100円、中学年には月額4500円、高学年には月額4900円、中学生には一律月額5400円が年2回に分けて支給されます。

　他にも杉並区では、区立以外の小・中学校等に子どもが通っている世帯の保護者に対して月額6000円、墨田区では、小学生には年間5万円、中学生には年間6万円を支給しています。

■ 手続きの流れ

８月下旬〜９月上旬に学校から手続き方法が知らされる
・８月下旬頃に公益財団法人東京都私学財団のHPにも記載される

９月頃に学校を通じて東京都私学財団に申請
・2024年の場合、申請期間は９月２日〜10月15日。2025年以降のスケジュールは東京都私学財団HPで要確認

10〜11月頃に私学財団が学校に生徒について確認
・生徒の在籍状況や授業料額などを審査

審査後、12月末頃に申請者の口座に振り込み
・継続して制度を利用するには、毎年申請する必要がある

30 受験生チャレンジ支援貸付

受験生チャレンジ支援貸付事業は、東京都が実施している制度。中学3年生・高校3年生を対象に、塾代の費用や受験料などの捻出が困難な一定所得以下の世帯へ、必要な資金を無利子で貸付する制度です。

【東京都で利用可】

どんな制度？

得するお金　中学3年生の場合：**最大22万7400円**

高校3年生の場合：**最大28万円**

利用できる人　中学3年生・高校3年生を養育している一定所得以下の保護者

申請先　居住する市区町村

いつもらえる？　申し込みから1カ月半程度

■東京都が受験生を経済的にサポート

　本事業は、学習塾、各種受験対策講座、通信講座、補習教室の受講料や高校・大学等の受験料捻出が困難な世帯に、**必要な資金の貸付を無利子で行う事業**です。対象は、中学3年生、高校3年生またはこれに準じる方（高校中途退学者、高等学校卒業程度認定試験合格者、定時制高校4年生、浪人生等）を養育する一定所得以下の世帯です。

　事業名は「貸付」ですが、高校や大学に入学した場合には、返済が免除されます。**例年利用した方の99％が返済を免除されています**。中途退学した方の高校、大学への再チャレンジとしても利用できます。貸付資金には、高校・大学受験対策の学習塾等の費用をサポートするものと、高校・大学等の受験料をサポートするものの2種類があります。学習

塾等の受講料の貸付上限は20万円、中学3年生の受験料の貸付上限は2万7400円、高校3年生の受験料の貸付の上限は8万円となっています。

■ 得するお金シミュレーション

例①：中学3年生を養育している一定所得以下の世帯が学習塾の受講料、高校受験料の貸付の申し込みをして、高校に入学した場合

▶学習塾の受講料：20万円／高校受験料：2万7400円

▶合計：22万7400円が返済不要

例②：上記の世帯の子どもが高校3年生になった時に再度、学習塾の受講料、大学受験料の貸付の申し込みをして、大学に入学した場合

▶学習塾の受講料：20万円／大学受験料：8万円

▶合計：28万円が返済不要

①②を利用すると合計50万7400円が返済不要

　学習塾等受講料貸付金、受験料貸付金の両方とも、1人の子どもに対して複数年度にわたる利用はできないので注意しましょう。

　受験生チャレンジ支援貸付事業に関しては、中学3年生の時に利用した場合でも、高校3年生時に再度申し込むことが可能です。

◎**貸付金の種類と金額**　東京都福祉局HPより

貸付対象	貸付限度額	貸付の範囲
学習塾等受講料	20万円（上限）	対象となる学習塾等の費用
受験料（中学3年生またはこれに準じる方）	2万7400円（上限）	対象となる高等学校等の受験料 ※1度で4回分の受験料まで貸付できる。1回分の受験料の上限は2万3000円
受験料（高校3年生またはこれに準じる方）	8万円（上限）	対象となる大学等の受験料

■対象者要件、貸付条件

　受験生チャレンジ支援貸付事業を利用するためには、所得制限の他にも以下の要件に該当しなければなりません。

- ・現に要支援者（対象となる受験生）を養育する世帯の生計中心者が18歳以上であること
- ・世帯の総収入または合計金額が一定の基準以下であること
- ・預貯金など資産の保有額が600万円以下であること
- ・土地・建物を所有していないこと（居住地を除く）
- ・都内に引き続き1年以上在住していること
- ・生活保護受給世帯または世帯員でないこと（生活保護受給世帯が利用できる制度は別途あり／項目32、33、34）
- ・暴力団員による不当な行為の防止などに関する法律に規定する暴力団員が属する世帯の世帯員でないこと

◎制度を受けるための収入基準

総収入／給与収入と年金収入（年間）

世帯人数	2人	3人	4人	5人
一般	—	441万円	504万9000円	573万7000円
ひとり親	405万7000円	496万6000円	577万2000円	639万6000円

合計所得金額／事業所得等（年間）

世帯人数	2人	3人	4人	5人
一般	—	308万7000円	359万9000円	414万9000円
ひとり親	280万5000円	353万2000円	417万5000円	467万4000円

※総収入が給与・年金収入のみの方と事業所得など、給与収入以外の所得がある方では、収入の基準額が異なります。

■ 手続きの流れ

> **制度が利用できるか都の市区町村に確認**

> **借入申込書と必要書類を窓口に提出**
> ・借入申込書は窓口でもらえる
> ・必要書類は相談内容によって異なるため、窓口で確認

> **審査後、借入申込者宛てに借用書が郵送される**

> **借用書と印鑑登録証明書、送金口座の通帳等の写しを窓口に提出**

> **貸付金が口座に入金される**
> ・借用書提出から貸付交付までは2週間から3週間程度かかる

> **自治体の窓口へ塾代または受験料の使い道がわかる書類を提出**
> ・自治体により貸付金の使途が確認される
> ・塾代は納入証明書、受験料は領収書（子の氏名、金額、発行者、受領印の記載があるもの）または受験料納入証明書

> **受験後は返済免除申請の手続きをする**
> ・入学した学校の在学証明書または学生証のコピーと「償還免除申請書」を入学年次の5月末までに窓口へ提出

> **償還免除承認通知が送られる**
> ・借受人宛に「償還免除承認通知」が郵送されたら手続き完了
> ・対象校に行かなかった場合も償還免除申請をすると認められることがある

◆ 高校生（教育格差を埋めるための国による国公立・私立高校の授業料助成）

31 高等学校等就学支援金制度

高等学校等就学支援金制度は、高校進学を希望する子どもを持つ家庭の教育費負担を軽減するために、一定要件を満たす世帯に対して、国が国公立、私立高校等の授業料の全部または一部を支援する制度です。

【全国で利用可】

どんな制度？

得するお金
国公立高校：**最大3年間で35万6400円**
私立高校：**最大3年間で118万8000円**

利用できる人
一定要件を満たす、高等学校等に通う生徒を養育している世帯

申請先
生徒の通学先にオンラインで申請

いつもらえる?
学校が受け取り授業料に充てる

■ 所得次第で高校の授業料が支援される

　高等学校等就学支援金制度は国公立私立を問わず、日本国内に住所を有する高等学校等に通う生徒を養育する、一定要件を満たす世帯に対して、国が支援金を支給する制度です。支給要件の中には「保護者の所得要件」があり、一定以上の所得がある場合には、就学支援金の受給対象から外れ、授業料は家庭の全額負担になります。

　所得要件は保護者等の「課税所得」が基準です。課税所得は、税金の課税の基となる所得です。次の計算式「保護者の市町村税の課税標準額×6％－市町村民税の調整控除の額」により計算した金額が30万4200円未満の世帯を対象に支給されます。実際の支給額は、通っている高校や世帯収入により変わります。ただし、国公立、私立ともに、支給され

129

るのはあくまでも授業料です。**授業料以外の費用については、家庭の全額負担**です。また、実際の所得制限の水準は、家族構成によって異なります。共働き夫婦の場合は、２人の収入の合算額で判断されます。

◎所得基準に相当する年収の目安 文部科学省リーフレットより

	子の数	11万8800円の支給 (月額9900円)対象	39万6000円の支給 (月額3万3000円)対象
両親共働きの場合	子1人(高校生) 扶養控除対象者1人	～約1030万円	～約660万円
	子2人(高校生・中学生以下) 扶養控除対象者1人	～約1030万円	～約660万円
	子2人(高校生・高校生) 扶養控除対象者2人	～約1070万円	～約720万円
	子2人(大学生・高校生) 扶養控除対象者1人、特定扶養控除対象者1人	～約1090万円	～約740万円
	子3人(大学生・高校生・中学生以下) 扶養控除対象者1人、特定扶養控除対象者1人	～約1090万円	～約740万円
両親のうち一方が働いている場合	子1人(高校生) 扶養控除対象者1人	～約910万円	～約590万円
	子2人(高校生・中学生以下) 扶養控除対象者2人	～約910万円	～約590万円
	子2人(高校生・高校生) 扶養控除対象者2人	～約950万円	～約640万円
	子2人(大学生・高校生) 扶養控除対象者1人、特定扶養控除対象者1人	～約960万円	～約650万円
	子3人(大学生・高校生・中学生以下) 扶養控除対象者1人、特定扶養控除対象者1人	～約960万円	～約650万円

■得するお金シミュレーション

◎「公立高校の支給額」

全日制の国立・公立高等学校等に通う生徒には、**片働きの場合は世帯年収が910万円未満であれば、年間11万8800円（月額9900円）を上**限に支給されます。国公立高等学校の授業料は、年額11万8800円のため、

実質の授業料はかかりません。

> 例①：両親のうち一方が働いていて、高校生の子ども1人、世帯年収910万円未満の場合
> 高等学校等就学支援金の対象となり、
> ▶年間の支援金：11万8800円
> ▶高校3年間でもらえる支援金：35万6400円

◎「私立高校の支給額」

　私立高校に通う生徒への支給額は、収入に応じて変わります。片働きの場合は世帯年収が910万円未満であれば、年間11万8800円が上限です。世帯年収が590万円未満であれば、年間39万6000円を上限に支給されます。

> 例②：両親共働きで、高校生の子ども1人、世帯年収660万円未満の場合
> 高等学校等就学支援金の対象となり、
> ▶年間の支援金：39万6000円
> ▶高校3年間でもらえる支援金：118万8000円

◎高等学校等就学支援金制度の支給額イメージ

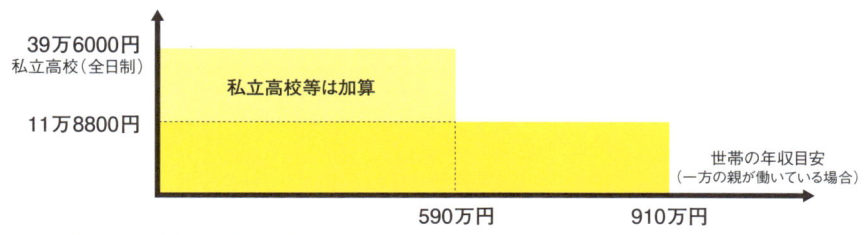

39万6000円
私立高校（全日制）

私立高校等は加算

11万8800円

世帯の年収目安
（一方の親が働いている場合）

590万円　　　910万円

・私立高校（通信制）は29万7000円
　国公立の高等専門学校（1〜3年）は23万4600円が支給上限額
・両親・高校生・中学生の4人家族で、両親の一方が働いている場合の目安
・学校により、就学支援金の支給決定までの間、授業料を徴収し、就学支援相当額を後日還付する場合あり。
　経済的に困難な家庭への猶予措置などを利用できる場合もある。詳細は学校に要確認

■手続きの流れ

【新入生の場合】

> 入学時等に学校から
> 申請の案内を受ける

【在校生の場合】

> ７月頃に学校から改めて
> 案内を受ける

案内に従って申請

・原則として学校が配布するIDを使用してオンラインで保護者等の収入状
　況を登録し、申請

審査に通れば学校に支給される

・就学支援金は学校が生徒本人に代わって受け取り、授業料に充てる。生徒
　や保護者は直接受け取らない
・授業料支払い後に差額を還付されるなど、支給時期や方法は学校によって
　異なる

32 私立高等学校等授業料軽減助成金

私立高等学校等授業料軽減助成金は、東京都独自の制度です。生徒と保護者が都内に住所を有している場合、私立高等学校等に通う経済的負担を軽減します。2024年から所得制限がなくなりました。国の就学支援金とあわせて利用できます。

【東京都で利用可】

どんな制度？

得するお金　年間最大48万4000円
3年間で145万2000円

利用できる人　保護者、生徒が東京都内在住で都内、都外の私立高等学校等に通う生徒の保護者

申請先　東京都私学財団にオンライン申請

いつもらえる？　10月もしくは12月（2024年の場合）

■東京都が所得制限なしで私立高校授業料を助成

　私立高等学校等授業料軽減助成金は、東京都の独自の制度です。国の就学支援金に加えて、生徒と保護者が都内在住であることを条件に私立高等学校等に通う生徒の授業料を助成します。これにより、国の就学支援金とあわせて、**私立高校の授業料が最大年額48万4000円まで助成**されます。しかも、所得制限によって就学支援金を受給できなかった所得の高い世帯にも、この制度によって最大48万4000円が助成されます。

　最大48万4000円（全日制・定時制課程）まで受給するためには、年収によって申請方法が異なります。次ページの図のように、所得のある保護者が1人で年収約910万円以上の場合、授業料軽減助成金のみ申請します。一方で、所得のある保護者が1人で年収約910万円以下の場合は、

就学支援金と授業料軽減助成金の両方の申請が必要です。保護者が2人とも所得がある場合、年収区分も変わります。

授業料が48万4000円以下の場合は、保護者が実際に負担する授業料の額が上限です。通信課程（都が認可）は、年間26万5000円を上限に助成されます。

これまで所得制限がありましたが、2024年度から東京都では、所得制限の撤廃を行い、**都内在住の高校生を対象に国公立私立を問わず、すべての高校の授業料を実質無償化**にしました。

生徒と保護者が都内に住所を有していれば、神奈川、埼玉など、東京都以外の高校に通っていても支援金は支給されます。

◎支給額のイメージ（全日制・定時制の場合）

	区分	所得のある保護者が1人	所得のある保護者が2人	授業料の負担軽減（年48万4000円まで）	
世帯年収（目安）の区分	A	約910万円以上	約1090万円以上	授業料軽減助成金（都の制度）所得制限なし **6〜7月申請** 48万4000円	
	B	約910万円未満〜約590万円以上	約1090万円未満〜約740万円以上	就学支援金（国の制度）所得制限あり **4・7月申請** 11万8800円	授業料軽減助成金 所得制限なし **6〜7月申請** 36万5200円
	C	約590万円未満	約740万円未満	就学支援金 所得制限あり **4・7月申請** 39万6000円	授業料軽減助成金 所得制限なし **6〜7月申請** 8万8000円

・所得のある親が1人、年収が約910万円以上の場合、最大額まで受給するためには、都の授業料軽減助成金のみ申請
・所得のある親が1人、年収が約910万円以下の場合、最大額まで受給するためには、都の授業料軽減助成金と国の就学支援金は、それぞれ申請が必要

■得するお金シミュレーション

例①：共働き世帯で年収1090万円未満、子どもが私立高校に通う場合
- ▶国の就学支援金制度：年額11万8800円支給
- ▶都の私立高等学校等授業料軽減助成金制度：年額36万5200円支給
- ▶年間の支援金：48万4000円
- ▶高校3年間でもらえる支援金：145万2000円

例②：共働き世帯で年収1090万円以上、子どもが私立高校に通う場合
- ▶国の就学支援制度の所得制限に引っかかるので、国の就学支援制度からは支給なし
- ▶都の私立高等学校等授業料軽減助成金制度：年額48万4000円支給
- ▶年間の支援金：48万4000円
- ▶高校3年間でもらえる支援金：145万2000円

■助成金をもらうと学費の6割以上がお得になる

　私立高校の授業料については、どこの高校に進学するのかによって違ってきます。2024年度（令和6）東京都私立高等学校（全日制）の調査結果を見ると、私立高校（全日制）の学費の平均額は入学金25万4131円、授業料は48万9343円、施設費3万4956円、その他19万2598円で合計97万1469円となっています。**3年間の学費は約241万円**（入学金は初年度のみとして計算）になります。

　私立高等学校等授業料軽減助成金の制度を利用すると、支援金の金額は、就学支援金とあわせて年間48万4000円。3年間で145万2000円支給されることになります。上記の学費241万円から145万2000円を差し引くと**実質負担は95万8000円**となります。所得制限を超えたご家庭では、これまでよりも半分以上学費が減ることになります。

■手続きの流れ

6月頃に学校から手続きや申請時期の案内がある

・申請期間の直前になると、申請に必要な書類等申請手続きの詳細が東京都私学財団のHPに掲載される

案内に従って東京都私学財団にオンラインで申請

・郵送による申請は受け付けていないので注意

審査通過後、東京都私学財団から口座に振り込まれる

・就学支援金とは別に毎年申請が必要

※2024年の場合、予定年間スケジュールは以下のとおり

① 6月中旬：「申請手続きのお知らせ」配布

② 6月下旬〜7月：申請期間（通常申請）

③ 10月または12月：申請者へ結果の通知、助成額の振込（通常申請）

④ 2025年（令和7）1月上旬：特別申請期間

⑤ 2025年（令和7）3月：申請者へ結果の通知、助成額の振込（特別申請）

33 高校生等奨学給付金

高校生等奨学給付金制度は、生活保護受給世帯や非課税世帯の高校生に対して返済不要の給付金を支給し、低所得世帯の学費を支援する制度です。授業料以外の費用を支援します。国が経費の一部を補助し、都道府県が実施します。

【全国で利用可】

どんな制度？

得するお金 **年間最大15万2000円**
（全日制等の私立学校に通う、住民税非課税世帯の第2子以降の場合）

利用できる人 高等学校等に通う生徒を養育している生活保護世帯、住民税の所得割が非課税の世帯

申請先 進学先の学校もしくは居住する都道府県

いつもらえる？ 12月末までに振り込まれる

■ 低所得世帯に返済不要の給付金を支給

　高校に通学するには、授業料以外にもさまざまな費用がかかります。低所得世帯にとって、費用捻出は厳しいものがあります。そんな世帯向けの制度が、高校生等奨学給付金制度です。

　国が経費の一部を補助し、都道府県が実施しており、教科書費、教材費、学用品費、通学用品費、教科外活動費など、**授業料以外の費用を支援**します。高校生などの生徒を養育している、生活保護世帯、住民税の所得割が非課税（年収約270万円未満）の低所得世帯を対象に、返済の必要のない給付金が支給されます。

　ただし、自治体により内容は異なります。奨学給付金制度の対象となる学校は、国公立や私立の高等学校、中高一貫校の後期課程、高校専修

学校、通信制高校などです。**支給額は、年度、収入、子どもの人数、在学先の学校の種類により変動**します。2024年度の給付額は、生活保護受給世帯で全日制・通信制の国公立高校等に通学している場合は、年額3万2300円、私立は年額5万2600円となっています。住民税の所得割が非課税世帯の場合の給付額は細分化されています。

◎2024年(令和6)の高校生等奨学給付金の給付額

世帯状況	給付額（年額）	
	国公立	私立
生活保護受給世帯（全日制等・通信制）	3万2300円	5万2600円
非課税世帯（全日制等／第1子）	12万2100円	14万2600円
非課税世帯（全日制等／第2子以降） ※15歳以上23歳未満の兄弟姉妹がいる場合	14万3700円	15万2000円
非課税世帯（通信制・専攻科）	5万500円	5万2100円

※家計急変の場合は申込み月によって給付額が変わる

■得するお金シミュレーション

例：東京都在住、住民税の所得割が非課税世帯で子どもが私立高校に通う場合（子ども1人）
▶国の就学支援金制度：年額39万6000円支給
▶都の私立高等学校等授業料軽減助成金制度：年額8万8000円支給
▶高校生等奨学給付金：年額14万2600円
※国の就学支援金制度、東京都の私立高等学校等授業料軽減助成金制度と併用できます
▶年間の支援金：62万6600円
▶高校3年間でもらえる支援金：187万9800円

■高校は授業料以外の費用も結構かかる

　文部科学省の「子供の学習費調査（令和3年度）」によると、**公立高校（全日制）の場合、初年度の学習費総額の平均は51万2971円**。内訳は、学校教育費30万9261円、学校外活動費20万3710円です。

　私立高校（全日制）の場合、初年度の学習費総額は105万4444円。内訳は、学校教育費75万362円、学校外活動費30万4082円です。

　学校教育費の内訳を見てみると、公立高校（全日制）の場合、入学金等1万6143円、授業料5万2120円、修学旅行費等1万9556円、学校納付金等3万2805円、図書・学用品・実習材料費等5万3103円、教科外活動費3万9395円、通学関係費9万1169円、その他4970円です。

　私立高校（全日制）の場合、入学金等7万1844円、授業料28万8443円、修学旅行費等2万6549円、学校納付金等11万5808円、図書・学用品・実習材料費等6万4259円、教科外活動費4万7013円、通学関係費12万9155円、その他7291円となっています。

　公立、私立ともに、授業料以外の費用が結構かかるのがわかりますね。

◎公立・私立校高等学校（全日制）における学校教育費の内訳

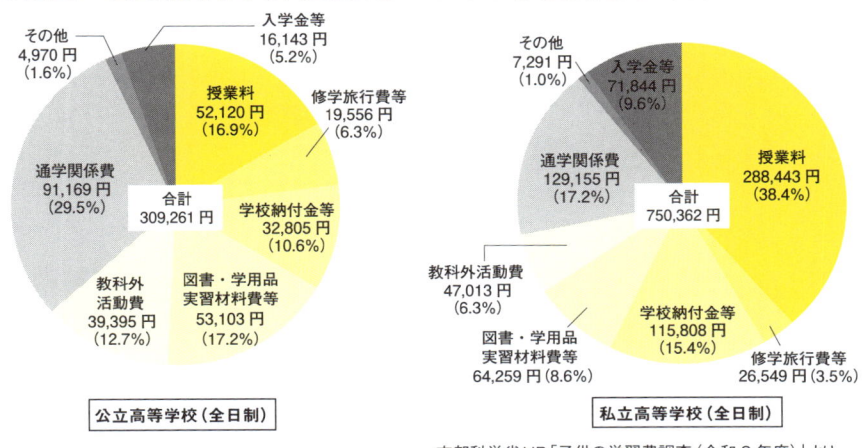

文部科学省HP「子供の学習費調査（令和3年度）」より

■手続きの流れ

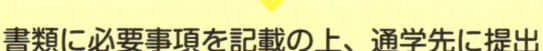

通学している学校から手続きのための書類を入手

書類に必要事項を記載の上、通学先に提出

・自治体によっては、スマートフォンやパソコン等から申請受け付けサイトにアクセスして申請する場合もある
・生活保護世帯に該当するのか、住民税の所得割が非課税の世帯に該当するのか、通学先の学校の種類などにより、提出する書類や提出方法は異なる

審査通過後、口座に振り込まれる

・2024年の場合、5月15日までに提出した場合は2024年7月頃、6月28日までに提出した場合は2024年9月頃に振り込み

新入生は4〜6月に一部早期支給の申請が可能

・早期支給額は年額の4分の1
・都道府県によって実施状況は異なるので要確認
・残りの4分の3の給付金の支給を受けるためには、7月から9月中旬の通常申請に再度申請が必要。ただし、2024年7月1日時点の状況で認定要件を満たしている必要あり

34 高等教育の修学支援制度① 授業料等減免

高等教育の修学支援制度は、専門学校、短期大学、大学への進学を希望する生徒に経済的理由で進学を諦めないように、「授業料・入学金の免除」「給付型奨学金の支給」の２つの側面から支援する制度です。

【全国で利用可】

どんな制度？

得するお金	**年間最大約96万円**
利用できる人	**住民税非課税世帯、及びそれに準ずる世帯の専門学校、短期大学、大学等に通う生徒**
申請先	**生徒の通学先の学校を通じて申請**
いつもらえる?	**6月頃、10〜11月頃に振り込む学校が多い**

■専門学校や大学等への進学希望者を支える制度

　高等教育の修学支援制度は、2020年4月から始まった国の制度です。一定の要件を満たした専門学校、短期大学、大学等への進学を希望する生徒に対して、「授業料・入学金の免除（授業料等減免）」「給付型奨学金の支給」の２つの側面から支援します。この項目では、前者の授業料等減免について解説します。

　授業料等減免の対象条件は、基本的に住民税非課税世帯、及びそれに準ずる世帯です。家族構成、通学の内容（自宅暮らしか、一人暮らしか）、学校の種類（公立か私立か）などによっても基準となる世帯年収は異なります。また、成績だけでなく、レポートなどで学ぶ意欲を確認し、学習意欲がある生徒に対して支援されます。

現在は、ほとんどの学校が対象になっていますので、文部科学省の特設ページで確認しましょう。

　支援額がどれくらいなのかを知りたい場合は、日本学生支援機構（JASSO）のHPで、大まかに調べることができます。

◎支援を受けられる年収の目安と支援額

支援対象者	年収の目安 両親・本人（18歳）中学生の家族4人世帯の場合	年収の目安 両親・本人（19〜22歳）・中学生の家族4人世帯の場合	支援額
住民税非課税世帯の学生	〜270万円	〜300万円	満額
住民税非課税世帯に準ずる世帯の学生	〜300万円	〜400万円	満額の2/3
	〜380万円	〜460万円	満額の1/3

■得するお金シミュレーション

例①：住民税非課税世帯の子どもが私立大学に通う場合

▶入学金：約26万円

▶授業料：年間約70万円

▶大学4年間の支援金：約306万円

例②：住民税非課税世帯の子どもが私立専門学校に通う場合

▶入学金：約16万円

▶授業料：年間約59万円

▶専門学校2年間の支援金：約134万円

◎授業料等減免の上限額（昼間制）

	国公立		私立	
	入学金	授業料	入学金	授業料
大学	約28万円	約54万円	約26万円	約70万円
短期大学	約17万円	約39万円	約25万円	約62万円
高等専門学校	約8万円	約23万円	約13万円	約70万円
専門学校	約7万円	約17万円	約16万円	約59万円

■ 手続きの流れ（次項目であわせて解説）

　授業料等減免の申し込みは、在学中の大学等を通じて、次のページで解説する「給付型奨学金の申込み」を申請する際に、あわせて申し込みをします。

　授業料や入学金の減額、または免除の支援の開始については、前期分は6月頃（申請は4月）、後期分は10〜11月の学校が多いようです。大学等によって異なるので、学校の窓口などに確認しましょう。

35 高等教育の修学支援制度② 給付型奨学金

高等教育の修学支援制度の「給付型奨学金」は、基本的に返済不要の奨学金です。2024年度から年収の要件や対象者が大幅に拡大され、より使い勝手がよくなっています。前項目で解説した「授業料等減免」と併用することができます。

【全国で利用可】

どんな制度？

得するお金 月額最大7万5800円（私立大学・自宅通学の場合）

利用できる人 一定の要件を満たす世帯の専門学校、短期大学、大学等に通う生徒

申請先 生徒の通学先の学校を通じて日本学生支援機構（JASSO）に申請

いつもらえる？ 申請後3カ月程度（申請時期は4月頃と9月頃）

■子どもの多い世帯や理系進学希望者も支援対象に

　前ページの高等教育の修学支援制度の「授業料等減免」と同じ2020年4月に設けられた新しい制度で、専門学校、短期大学、大学等への進学を希望する生徒が受けられる新しい奨学金制度です。貸与奨学金と違い、基本的に返済する義務のない奨学金です。

　これまで、対象となるのは世帯年収380万円程度までの世帯でしたが、2024年より新たに、**条件を満たした世帯年収600万円程度の中間所得層までが対象**になりました。

　該当する世帯は、扶養する子どもが3人以上いる多子世帯や、私立の理工農系分野に進学する世帯が該当します。条件次第では、「授業料等減免」と「給付型奨学金の支給」を同時に受けることができます。ただし、

私立理工農系の学生には給付型奨学金の支給はなく、文系との差額分が支援されます。

　以前の奨学金からの切り替えや他の奨学金制度と併用も可能なので、日本学生支援機構（JASSO）に問い合わせをしてみましょう。

◎給付型奨学金の対象となる年収と支援のイメージ

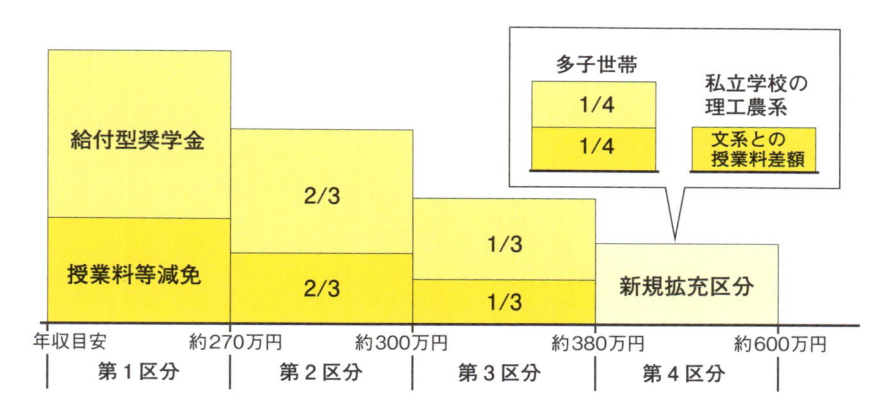

※両親・本人（18歳）・中学生（15歳）の家族4人世帯の場合の目安
　本人の年齢や家族構成等により、目安年収は異なります

■ 得するお金シミュレーション

例①：年収約270万円の第1区分世帯の子どもが自宅外から私立大学に通う場合（授業料等減免もあわせて利用）

・授業料等減免

　▶入学金：約26万円　授業料：約70万円

・給付型奨学金：月額7万5800円（年間90万9600円）

　▶大学4年間の支援金：約670万円

例②：年収約380万円の第3区分世帯の子どもが自宅から私立大学に通う場合（授業料等減免もあわせて利用）

▶ 入学金と授業料、奨学金のそれぞれに、第1区分世帯の3分の1の金額が支援される

・授業料等減免

▶ 入学金：約9万円　授業料：約23万円

・給付型奨学金：月額約1万2800円（年間15万3600円）

▶ 大学4年間の支援金：約162万円

例③：年収約600万円の第4区分世帯の子どもが私立大学の理工学部に通う場合（授業料等減免もあわせて利用）

▶ 授業料等減免のみが適用になり、私立の文系との差額分が支援される

・授業料等減免

▶ 入学金：約9万円　授業料：約23万円

▶ 大学4年間の支援金＝約101万円

◎給付金型奨学金の月額の上限額（昼間制・夜間制）

進学先	自宅生		自宅外	
	国公立	私立	国公立	私立
大学・短期大学 専門学校	2万9200円	3万8300円	6万6700円	7万5800円
	（3万3300円）	（4万2500円）		
高等専門学校 （第4学年以上）	1万7500円	2万6700円	3万4200円	4万3300円
	（2万5800円）	（3万5000円）		

※生活保護世帯で自宅から通学する人、及び児童養護施設等から通学する人は、（　）内の金額になります。

◎私立理工農系の授業料・入学金減免額（昼間制）

進学先	授業料減免（年額）	入学金減免
大学	23万3400円	8万6700円
短期大学	15万5000円	6万2500円
高等専門学校	23万3400円	4万3400円
専門学校	14万7500円	4万円

■ 手続きの流れ

毎年春と秋に学校を通じて日本学生支援機構（JASSO）に申請
・春の申請は4月頃、秋の申請は9月頃に行う
・申請の詳細については、春の分は3月、秋の分は9月から文部科学省・日本学生支援機構のHPに記載される

学校から書類をもらい、インターネットでJASSOに申し込む
・生徒本人と保護者のマイナンバーの提出が必要

あわせて学校から授業料等減免の関係書類ももらい、申し込む

審査通過後、毎月本人の口座に振り込まれる
・選考結果はJASSOから学校を通じて生徒本人に通知される
・4月申請の場合、7月頃に選考結果が通知され、7月から振り込まれる
・9月申請の場合、12月頃に選考結果が通知され、12月から振り込まれる

36 第3子大学無償化

2025年度から開始される予定の大学無償化制度は、3人以上の子どもを扶養する「多子世帯」を対象として、所得制限を設けずに、大学、短大、専門学校等の授業料と入学金が無償化になる制度です。

【全国で利用可】

どんな制度？

得するお金　**年間最大96万円**（私立大学〈昼間制〉の入学金・授業料）

利用できる人　**3人以上の子どもがいる世帯の専門学校生、短大生、大学生など**

申請先　**生徒の通学先（詳細は未定）**

いつもらえる？　**詳細は未定**

■子どもが多いと大学等の授業料・入学金が無償に

　2025年4月から始まる予定の大学無償化制度は、3人以上の子どもを扶養する「多子世帯」を対象として、所得制限を設けずに、大学、短大、専門学校等の授業料や入学金を無償にする制度です。制度を利用する上で注意したいのは「3人以上が同時に扶養されている必要がある」「対象校以外への進学では制度は利用できない」「支給額には上限がある」点です。まず、3人以上が同時に扶養されているという点ですが、例えば、右図のように、子どもが3人いて、第1子が大学に進学した場合、第1子は支給対象です。また、第1子に加えて第2子も大学に進学した場合、第2子も支給対象になります。ただし、第1子が大学を卒業して扶養から外れた場合、扶養される子どもが3人という利用条件を満たさなくな

りします。支給対象であった第2子だけでなく、第3子も支給対象外となります。また、対象校以外への進学では制度を利用できません。文部科学省のHPで確認しましょう。さらに、支給金額には上限があるので、無償化という言葉がついているものの、完全無償化というわけではありません。

◎「3人以上が同時に扶養されている」とはどんな状態？

3人兄弟の場合

	第1子が 大学に進学	第2子が 大学に進学	第1子が 大学卒業後に就職
社会人			扶養から外れる
大学生	支援対象	支援対象 支援対象	支援対象外 支援対象外
高校生 以下			

第1子が扶養から外れると第2・3子は支援対象外になる

■ 得するお金シミュレーション

例：私立大学（昼間制）に4年間通った場合

▶ **入学金：約26万円支給**

▶ **授業料：年額約70万円支給**

▶ **大学4年間の支援金：約306万円**

※進学先の入学金や授業料が支給上限金額を上回っている場合、差額を支払う必要があります。

■大学の学費はどれくらいかかる？

　一般的に**教育費のピークは「大学進学」**と言われています。国立大学の学費は、文部科学省によって標準額が定めらており、入学料28万2000円、年間の授業料は53万5800円となっています。4年間では、約243万円の学費がかかります。

　私立大学の学費は、私立大学等の令和5年度入学者に係る学生納付金調査結果によると、文系で入学料22万3867円、年間の授業料は82万7135円、施設設備費14万3838円となっており、4年間では、約411万円の学費がかかります。理系では、入学料23万4756円、年間の授業料は116万2738円、施設設備費13万2956円となっており、4年間では、約542万円の学費がかかります。医歯系学部に進学した場合には、さらに学費がかかります。大学の費用は、半年ごとにまとまった金額を納付する必要があるため、**入学前までに300万〜500万円を貯めておく必要があります。**

　さらに、大学には下宿して通う人もいるでしょう。全国大学生協連「第58回学生生活実態調査」（2023年）によると、毎月の下宿生の支出は12万3630円となっています。単純にこれだけの金額が4年間かかったとすると、総額は600万円近くになってしまいます。

◎国公立大学の学費

入学料	28万2000円
授業料	53万5800円
初年度納入額	81万7800円
2年目以降	53万5800円
4年間の総額	242万5200円

◎私立大学の学費

	文科系学部	理科系学部	医歯系学部	その他学部
入学料	22万3867円	23万4756円	107万7425円	25万1164円
授業料	82万7135円	116万2738円	286万3713円	97万7635円
施設設備費	14万3838円	13万2956円	88万566円	23万1743円
合計	119万4841円	153万451円	482万1704円	146万542円

「令和5年度　私立大学入学者に係る初年度学生納付金等平均額（定員1人当たり）の調査結果について」より

■ 大学の授業料値上げ、経済支援の拡大も

　日経新聞の調査によると、調査に協力した私立・国立大学536校の中で2025年度以降の授業料について「既に引き上げた」「引き上げについて具体的に検討中」「引き上げ額や時期は未定だが、検討中」のいずれかとしたのは計215校で、全体の4割を占めたとのこと。授業料の引き上げの理由としては、教育や研究環境の維持や改善、光熱費や人件費を挙げている大学が多いようです。

　日本のトップ大学である東京大学では、2025年度から授業料を年間約11万円値上げし、年間64万2960万円にすることを決定しています。一方で、経済支援として、これまで世帯年収400万円以下の学部生の授業料は全額免除でしたが、2025年からは、世帯年収600万円以下の学部生の授業料は全額免除となる予定です。

　今後大学の授業料は、経済支援とセットで、値上げが進んでいくと考えられます。教育費の中でも大学の授業料は高額なので、動向に注目していきましょう。

■ 手続きの流れ

　2025年から始まる予定の第3子大学無償化制度は、進学先の学校から手続きするとされていますが、詳細はまだ発表されていません。最新情報を確認するようにしましょう。

37 教育資金の一括贈与の特例

教育資金の一括贈与の特例とは、父母や祖父母（直系尊属）から子や孫への「一定額の教育資金」の贈与を非課税にできる制度です。非課税限度額は最大1500万円です。

【全国で利用可】

どんな制度？

得するお金 最大1500万円まで非課税

利用できる人 29歳まで（30歳未満）の子や孫

申請先 金融機関

いつ得する？ 教育資金が必要なとき

■30歳未満の子・孫への贈与が非課税に

　教育資金の一括贈与の特例とは、父母、祖父母などが、30歳未満の子、孫などに教育資金を一括贈与した場合、1人あたり最大1500万円（習い事などは最大500万円）までは非課税になる制度です。具体的には、以下のとおりです。

◎最大1500万円までの贈与が可能
入学金、授業料、施設設備費、入学試験の検定料、学用品費、修学旅行費、給食費など学校等に支払う教育費用に利用

◎最大500万円までの贈与が可能
学校以外の教育サービス費用に利用

受贈者である子や孫が 30 歳になったときに教育資金口座にかかる契約は終了し、口座に残っていたお金は贈与税の対象になります。教育資金の一括贈与の特例は、**2026 年 3 月 31 日までの贈与**に利用することができます。

■得するお金シミュレーション

例①：祖母から中学生の孫に授業料を贈与する場合
▶授業料は学校等に支払う教育費用に該当→==最大1500万円まで非課税==で贈与可能

例②：祖父から高校生の孫に塾代を贈与する場合
▶塾代は学校以外の教育サービス費用に該当→==最大500万円まで非課税==で贈与可能

■教育資金の贈与の注意点

教育費は家計の負担が大きいので、教育資金の一括贈与の特例を利用できるならとてもありがたい制度ですが、注意点もあります。

◎受贈者には所得要件がある
受贈者である子や孫の前年の合計所得金額が 1000 万円以下の場合に利用できます。

◎受贈者が 23 歳以上になると、教育資金の範囲が限られる
23 歳以上になると、下記以外は非課税ではなくなります。
・学校等に支払われる費用

・学校等に関連する費用（留学渡航費等）
・学校等以外では、教育訓練給付金の支給対象となる教育訓練の受講費用のみ

◎一括贈与は 30 歳で契約終了。使い残しには贈与税が課せられる

受贈者が 30 歳になったときに契約は終了し、残額には贈与税が課されます。ただし、30 歳以降も学校等に在学中または教育訓練受講中であれば、残高があっても贈与税は課されません。

その後、在学中・受講中ではなくなった年の年末または 40 歳になった場合には、その時点の残高に対して贈与税が課税されます。その際の贈与税の税率は、税率を低くおさえる特例税率ではなく、一般税率（高い方の税率）が課されます。

◎相続税の対象になることがある

贈与契約の途中で贈与者が死亡した場合、死亡までの年数にかかわらず、贈与資金の残額に対して、相続税が課税されます。ただし、同日において受贈者が以下に該当する場合には、相続税は課されません。

①23歳未満
②学校等に在学中
③教育訓練給付金の支給対象となる教育訓練を受講中

ただし、①～③の要件に該当していたとしても贈与者が死亡した際の相続税の課税価格の合計が 5 億円を超える場合は、残額すべてが相続税の課税対象になります。

■ 手続きの流れ

贈与者と受贈者との間で贈与契約書を作成
・たとえば、贈与者は祖父、受贈者は孫（30歳未満）

受贈者が金融機関に教育口座を開設

贈与者は金融機関に教育資金非課税申告書を提出
・申告書は金融機関経由で税務署に提出されるため、贈与者が個別に税務署に行く必要はなし

贈与者は贈与資金を口座へ入金
・受贈者の手続きも問題なければ贈与資金は非課税となる

受贈者は教育資金の領収書を金融機関に提出

受贈者は教育資金口座からお金を引き出す

38 結婚・子育て資金の一括贈与の特例

結婚・子育て資金の一括贈与の特例とは、父母や祖父母（直系尊属）から子や孫への「結婚・子育て資金」の贈与を非課税にできる制度です。非課税限度額は最大1000万円です。

【全国で利用可】

どんな制度？

得するお金 最大1000万円まで非課税

利用できる人 18歳〜49歳（50歳未満）の子や孫

申請先 金融機関

いつ得する? 結婚・子育て資金が必要になったとき

■結婚・子育て資金の贈与が非課税に

　結婚・子育て資金の一括贈与の特例とは、父母、祖父母などが、18歳〜50歳未満の子、孫などに結婚・子育て資金を一括贈与した場合、1人あたり最大1000万円（結婚資金に関しては最大300万円）までは非課税になる制度です。

　非課税対象となる用途は定められており、結婚資金は、「結婚式の費用」「結婚式の衣装代」「新居の初期費用（家賃、敷金、仲介手数料など）」「転居費用（引越し費用や新居への移動費）」など、子育て資金は「不妊治療・妊婦健診などの治療費や健診費」「分娩費」「産後ケア費」「子の医療費」「幼稚園や保育園などの保育費用」などとなっています。

　受贈者である子や孫が50歳になった時に契約は終了し、その時点で

口座に残っていたお金は贈与税の対象になります。結婚・子育て資金の一括贈与の特例は、2025年（令和7）の税制改正により**2027年3月31日までの贈与に利用することができるようになっています。**

　なお、住宅取得資金の贈与の特例と教育資金の一括贈与の特例との併用が可能です。

■ 得するお金シミュレーション

例①：父親から結婚する娘に結婚式の費用を贈与する場合

▶ 結婚式の費用は、非課税対象となる結婚費用に該当→**最大300万円まで非課税**で贈与可能

例②：祖父から結婚している孫に不妊治療の費用を贈与する場合

▶ 不妊治療の費用は非課税対象となる子育て費用に該当→**最大1000万円まで非課税**で贈与可能

■ 結婚・子育て資金の一括贈与の特例の注意点

　子どもや孫にとっては、両親や祖父母から結婚や子育てに関する費用を非課税で贈与してもらえるのでとても嬉しい制度ですが、注意点もあります。

◎受贈者には所得要件がある

　受贈者である子や孫の前年の合計所得金額が1000万円以下の場合に利用できます。

◎一括贈与は50歳で契約終了。使い残しには贈与税が課せられる

受贈者が50歳になった時に契約は終了し、残額には贈与税が課されます。その際の贈与税の税率は、税率を低くおさえる特例税率ではなく、一般税率（高い方の税率）が課されます。

　◎相続税の対象になることがある
　贈与契約の途中で贈与者が死亡した場合、贈与資金の残額に対して、相続税が課税されます。法定相続人でない孫が負担する相続税は、税額が2割加算されます。

■手続きの流れ

贈与者と受贈者との間で贈与契約書を作成
・たとえば、贈与者は祖父、受贈者は孫（30歳未満）

受贈者が金融機関に結婚・子育て資金口座を開設

贈与者は金融機関に結婚・子育て資金非課税申告書を提出
・申告書は金融機関経由で税務署に提出されるため、贈与者が個別に税務署に行く必要はなし

贈与者は贈与資金を口座へ入金
・受贈者の手続きも問題なければ贈与資金は非課税となる

受贈者は結婚・子育て資金の領収書を金融機関に提出

受贈者は結婚・子育て資金口座からお金を引き出す

・目的外の引き出しには贈与税がかかる

以下の場合でも相続税・贈与税の対象になる

・贈与者が死亡した場合、残額（管理残額）は相続税の対象になる
・契約終了後の残額は贈与税の対象になる

著者紹介

高山一恵（たかやま・かずえ）

（株）Money & You 取締役。一般社団法人不動産投資コンサルティング協会理事。慶應義塾大学文学部卒業。NHK「日曜討論」「クローズアップ現代」などテレビ・ラジオ出演多数。講演活動、執筆活動、相談業務も精力的に行なっている。ニュースメディア「Mocha（モカ）」、YouTube「Money&YouTV」、Podcast「マネラジ。」、Voicy「1日5分でお金持ちラジオ」運営。『はじめての新 NISA & iDeCo』（成美堂出版）、『マンガと図解 はじめての資産運用』（宝島社）など書籍100冊、累計180万部超。ファイナンシャルプランナー（CFP®）。1級 FP 技能士。

イラスト：香川尚子

育児年表でわかる 子育て世帯がもらえるお金のすべて

2025年2月20日　第1刷

著　者　　高山一恵

発行人　　山田有司

発行所　　株式会社　彩図社
　　　　　東京都豊島区南大塚 3-24-4
　　　　　ＭＴビル　〒170-0005
　　　　　TEL：03-5985-8213　FAX：03-5985-8224

印刷所　　シナノ印刷株式会社

URL https://www.saiz.co.jp　https://X.com/saiz_sha